LA HISTORIA
PARA NIÑOS

DESCUBRE LA BIBLIA
DE PRINCIPIO A FIN

PASAJES SELECTOS
DE LA
NUEVA VERSIÓN INTERNACIONAL

La misión de Editorial Vida es ser la compañía líder en comunicación cristiana que satisfaga las necesidades de las personas, con recursos cuyo contenido glorifique a Jesucristo y promueva principios bíblicos.

LA HISTORIA PARA NIÑOS
Edición en español publicada por
Editorial Vida – 2011
Miami, Florida

© **2008, 2011 by The Zonderkidz**

Originally published in the USA under the title:
The Story for Kids
Copyright © 2008, 2011 by Zonderkidz
Illustrations © by Fausto Bianchi
Art production by Dan Davis
Published by permission of Zondervan, Grand Rapids, Michigan 49530

Traducción, edición y adaptación del diseño interior: *A&W Publishing Electronic Services, Inc.*

ISBN: 978-0-8297-5293-9

CATEGORÍA: BIBLIAS / NVI

IMPRESO EN ESTADOS UNIDOS DE AMÉRICA
PRINTED IN THE UNITED STATES OF AMERICA

12 13 14 ❖ 6 5

Contenido

Bienvenido a *La Historia*, la historia de Dios

Este libro narra la mayor y más convincente historia de todos los tiempos: la historia de un Dios verdadero que ama a sus hijos y estableció para ellos un camino de salvación y un sendero a la eternidad. Cada una de las historias en estos treinta y un capítulos revela al Dios de la gracia: al Dios que habla, al Dios que actúa, al Dios que escucha, al Dios cuyo amor por su pueblo culminó en el sacrificio de Jesús, su hijo único, para expiar los pecados de la humanidad.

Es más, ese mismo Dios vive y está activo hoy, aún continúa escuchando, aún continúa actuando y sigue derramando su gracia sobre nosotros. Esa gracia se extiende a nuestras debilidades diarias, a nuestras altas, a nuestras bajas, y a nuestros períodos intermedios, a nuestros momentos de dudas y temores, y más importante aún, a nuestra respuesta a su llamado en nuestras vidas. Él es el mismo Dios que perdonó las fallas de David y rescató a Jonás del obscuro vientre de un pez. Ese mismo Padre celestial que guió a los israelitas por el desierto desea pastorearnos a lo largo de nuestro peregrinaje, a fin de ayudanos a superar nuestros fracasos y rescatarnos para la eternidad.

Oramos que estas historias te animen a escuchar el llamado de Dios en tu vida, en tanto él contribuye a escribir tu propia historia.

Max Lucado y Randy Frazee

Prefacio

La Historia para niños es diferente a cualquier otro libro que hayas leído. Piensa en tu libro favorito. ¿Qué encuentras en él? ¿Aventura? ¿Emoción? ¿Drama? ¿Personajes heroicos? El libro que tienes en tus manos contiene esto y mucho más. Sin embargo, a diferencia de cualquiera de los otros libros que antes hayas leído, esta historia es completamente verdadera. Se trata de una Biblia que se lee como una novela.

Si ya has leído la Biblia sabes lo extensa que es. Contiene números de capítulos y versículos para ayudarte a encontrar los pasajes bíblicos. Quizá alguna vez hayas tenido que buscar versículos bíblicos durante las clases de la Escuela Dominical.

En *La Historia para niños*, estos números han sido eliminados y en su lugar se han seleccionado pasajes del texto bíblico siguiendo el orden en que cada uno de ellos acontece dentro de la historia bíblica. Haciendo uso de la Nueva Versión Internacional (NVI), este libro contiene texto bíblico junto con transiciones especialmente escritas para ayudarte a enlazar las distintas partes de la Biblia a fin de que te resulte más fácil entender el significado de cada narración y la forma en la que se unifican estas historias. Las transiciones están escritas en letra cursiva para esclarecer que no forman parte del texto bíblico.

Al final de cada narración, encontrarás preguntas para la discusión. Intenta conversar sobre tus respuestas con tus familiares, amigos y compañeros de la Escuela Dominical. ¡Tal vez te sorprendas de lo que ellos te puedan decir!

Esperamos que *La Historia para niños* te ayude a comprender mejor la Biblia y a entender cómo esta se relaciona con tu propia vida.

1

El principio de la vida tal y como la conocemos

Dios, en el principio, creó los cielos y la tierra. La tierra era un caos total, las tinieblas cubrían el abismo, y el Espíritu de Dios iba y venía sobre la superficie de las aguas.

Y dijo Dios: «¡Que exista la luz!» Y la luz llegó a existir. Dios consideró que la luz era buena y la separó de las tinieblas. A la luz la llamó «día», y a las tinieblas, «noche». Y vino la noche, y llegó la mañana: ése fue el primer día.

Y dijo Dios: «¡Que exista el firmamento en medio de las aguas, y que las separe!» Y así sucedió: Dios hizo el firmamento y separó las aguas que están abajo, de las aguas que están arriba. Al firmamento Dios lo llamó «cielo». Y vino la noche, y llegó la mañana: ése fue el segundo día.

Y dijo Dios: «¡Que las aguas debajo del cielo se reúnan en un solo lugar, y que aparezca lo seco!» Y así sucedió. A lo seco Dios lo llamó «tierra», y al conjunto de aguas lo llamó «mar». Y Dios consideró que esto era bueno.

Y dijo Dios: «¡Que haya vegetación sobre la tierra; que ésta produzca hierbas que den semilla, y árboles que den su fruto con semilla, todos según su especie!» Y así sucedió. Y vino la noche, y llegó la mañana: ése fue el tercer día.

Y dijo Dios: «¡Que haya luces en el firmamento que separen el día de la noche; que sirvan como señales de las estaciones, de los días y de los años, y que brillen en el firmamento para iluminar la tierra!» Y sucedió así.

Dios hizo los dos grandes astros: el astro mayor para gobernar el día, y el menor para gobernar la noche. También hizo las estrellas. Dios colocó en el firmamento los astros para alumbrar la tierra. Los hizo para gobernar el día y la noche, y para separar la luz de las tinieblas. Y Dios consideró que esto era bueno. Y vino la noche, y llegó la mañana: ése fue el cuarto día.

Y dijo Dios: «¡Que rebosen de seres vivientes las aguas, y que vuelen las aves sobre la tierra a lo largo del firmamento!» Y creó Dios los grandes animales marinos, y todos los seres vivientes que se mueven y pululan en las aguas y todas las aves, según su especie. Y Dios consideró que esto era bueno, y los bendijo con estas palabras: «Sean fructíferos y multiplíquense; llenen las aguas de los mares. ¡Que las aves se multipliquen sobre la tierra!» Y vino la noche, y llegó la mañana: ése fue el quinto día.

Y dijo Dios: «¡Que produzca la tierra seres vivientes: animales domésticos, animales salvajes, y reptiles, según su especie!» Y sucedió así. Dios hizo los animales domésticos, los animales salvajes, y todos los reptiles, según su especie. Y Dios consideró que esto era bueno.

Y dijo: «Hagamos al ser humano a nuestra imagen y semejanza. Que tenga dominio sobre los peces del mar, y sobre las aves del cielo; sobre los animales domésticos, sobre los animales salvajes, y sobre todos los reptiles que se arrastran por el suelo.»

Y Dios creó al ser humano a su imagen;
lo creó a imagen de Dios.
Hombre y mujer los creó.

Y los bendijo con estas palabras: «Sean fructíferos y multiplíquense; llenen la tierra y sométanla; dominen a los peces del mar y a las aves del cielo, y a todos los reptiles que se arrastran por el suelo.»

También les dijo: «Yo les doy de la tierra todas las plantas que producen semilla y todos los árboles que dan fruto con semilla; todo esto les servirá de alimento. Y doy la hierba verde como alimento a todas las fieras de la tierra, a todas las aves del cielo y a todos los seres vivientes que se arrastran por la tierra.» Y así sucedió.

Dios miró todo lo que había hecho, y consideró que era muy bueno. Y vino la noche, y llegó la mañana: ése fue el sexto día.

Así quedaron terminados los cielos y la tierra, y todo lo que hay en ellos.

Al llegar el séptimo día, Dios descansó porque había terminado la obra que había emprendido. Dios bendijo el séptimo día, y lo santificó, porque en ese día descansó de toda su obra creadora.

Dios el Señor tomó al hombre y lo puso en el jardín del Edén para que lo cultivara y lo cuidara, y le dio este mandato: «Puedes comer de todos los árboles del jardín, pero del árbol del conocimiento del bien y del mal no deberás comer. El día que de él comas, ciertamente morirás.»

La serpiente era más astuta que todos los animales del campo que Dios el Señor había hecho, así que le preguntó a la mujer: —¿Es verdad que Dios les dijo que no comieran de ningún árbol del jardín?

—Podemos comer del fruto de todos los árboles —respondió la mujer—. Pero, en cuanto al fruto del árbol que está en medio del jardín, Dios nos ha dicho: "No coman de ese árbol, ni lo toquen; de lo contrario, morirán."

Pero la serpiente le dijo a la mujer: —¡No es cierto, no van a morir! Dios sabe muy bien que, cuando coman de ese árbol, se les abrirán los ojos y llegarán a ser como Dios, conocedores del bien y del mal.

La mujer vio que el fruto del árbol era bueno para comer, y que tenía buen aspecto y era deseable para adquirir sabiduría, así que tomó de su fruto y comió. Luego le dio a su esposo, y también él comió.

En ese momento se les abrieron los ojos, y tomaron conciencia de su desnudez. Por eso, para cubrirse entretejieron hojas de higuera.

Cuando el día comenzó a refrescar, oyeron el hombre y la mujer que Dios andaba recorriendo el jardín; entonces corrieron a esconderse entre los árboles, para que Dios no los viera.

Pero Dios el Señor llamó al hombre y le dijo: —¿Dónde estás?

El hombre contestó: —Escuché que andabas por el jardín, y tuve miedo porque estoy desnudo. Por eso me escondí.

—¿Y quién te ha dicho que estás desnudo? —le preguntó Dios—. ¿Acaso has comido del fruto del árbol que yo te prohibí comer?

Él respondió: —La mujer que me diste por compañera me dio de ese fruto, y yo lo comí.

Entonces Dios el Señor le preguntó a la mujer: —¿Qué es lo que has hecho?

—La serpiente me engañó, y comí —contestó ella.

Dios el Señor dijo entonces a la serpiente:

«Por causa de lo que has hecho,
    ¡maldita serás entre todos los animales,
    tanto domésticos como salvajes!

Te arrastrarás sobre tu vientre,
y comerás polvo todos los días de tu vida.
Pondré enemistad entre tú y la mujer,
y entre tu simiente y la de ella;
su simiente te aplastará la cabeza,
pero tú le morderás el talón.»

A la mujer le dijo:
«Multiplicaré tus dolores en el parto,
y darás a luz a tus hijos con dolor.
Desearás a tu marido,
y él te dominará.»

Al hombre le dijo:
«Por cuanto le hiciste caso a tu mujer,
y comiste del árbol del que te prohibí comer,
¡maldita será la tierra por tu culpa!
Con penosos trabajos comerás de ella
todos los días de tu vida.
La tierra te producirá cardos y espinas,
y comerás hierbas silvestres.
Te ganarás el pan con el sudor de tu frente,
hasta que vuelvas a la misma tierra
de la cual fuiste sacado.
Porque polvo eres,
y al polvo volverás.»

El hombre llamó Eva a su mujer, porque ella sería la madre de todo ser viviente.

Dios el Señor hizo ropa de pieles para el hombre y su mujer, y los vistió. Y dijo: «El ser humano ha llegado a ser como uno de nosotros, pues tiene conocimiento del bien y del mal. No vaya a ser que extienda su mano y también tome del fruto del árbol de la vida, y lo coma y viva para siempre.»

Entonces Dios el Señor expulsó al ser humano del jardín del Edén, para que trabajara la tierra de la cual había sido hecho.

Dios puso ángeles con una espada ardiente en la entrada del jardín para evitar que Adán y Eva comieran del fruto del árbol de la vida.

Al pasar el tiempo, Adán y Eva tuvieron hijos e hijas. Luego los hijos de ellos también tuvieron sus propios hijos. Después que Adán y Eva pecaron, el pecado era lo único en lo que la gente podía pensar.

Al ver el Señor que la maldad del ser humano en la tierra era muy grande, y que todos sus pensamientos tendían siempre hacia el mal, se arrepintió de haber hecho al ser humano en la tierra, y le dolió en el corazón.

Pero Noé contaba con el favor del Señor. Ésta es la historia de Noé. Noé era un hombre justo y honrado entre su gente. Siempre anduvo fielmente con Dios. Tuvo tres hijos: Sem, Cam y Jafet.

Dios le dijo a Noé [...] constrúyete un arca de madera resinosa, hazle compartimentos, y cúbrela con brea por dentro y por fuera. Dale las siguientes medidas: ciento cuarenta metros de largo, veintitrés de ancho y catorce de alto. Hazla de tres pisos, con una abertura a medio metro del techo y con una puerta en uno de sus costados.

Porque voy a enviar un diluvio sobre la tierra, para destruir a todos los seres vivientes bajo el cielo. Todo lo que existe en la tierra morirá.

Pero contigo estableceré mi pacto, y entrarán en el arca tú y tus hijos, tu esposa y tus nueras.

Haz que entre en el arca una pareja de todos los seres vivientes, es decir, un macho y una hembra de cada especie, para que sobrevivan contigo. Contigo entrará también una pareja de cada especie de aves, de ganado y de reptiles, para que puedan sobrevivir.

Recoge además toda clase de alimento, y almacénalo, para que a ti y a ellos les sirva de comida.»

Y Noé hizo todo según lo que Dios le había mandado. El Señor le dijo a Noé: «Entra en el arca con toda tu familia [...]»

En cuanto la familia de Noé y todos los animales estuvieron a salvo dentro del arca, Dios cerró la puerta. Cuando el diluvio inundó la tierra, Noé tenía seiscientos años de edad.

El diluvio cayó sobre la tierra durante cuarenta días. Cuando crecieron las aguas, elevaron el arca por encima de la tierra. Las aguas crecían y aumentaban cada vez más, pero el arca se mantenía a flote sobre ellas. Tanto crecieron las aguas, que cubrieron las montañas más altas que hay debajo de los cielos. El nivel del agua subió más de siete metros por encima de las montañas.

Así murió todo ser viviente que se movía sobre la tierra: las aves, los animales salvajes y domésticos, todo tipo de animal que se arrastraba por el suelo, y todo ser humano. Dios borró de la faz de la tierra a todo ser viviente, desde los seres humanos hasta los ganados, los reptiles y las aves del cielo. Todos fueron borrados de la faz de la tierra.

Sólo quedaron Noé y los que estaban con él en el arca.

Y la tierra quedó inundada ciento cincuenta días.

Dios se acordó entonces de Noé y de todos los animales salvajes y domésticos que estaban con él en el arca. Hizo que soplara un fuerte viento sobre la tierra, y las aguas comenzaron a bajar. Se cerraron las fuentes del mar profundo y las compuertas del cielo, y dejó de llover.

Poco a poco las aguas se fueron retirando de la tierra. Al cabo de ciento cincuenta días las aguas habían disminuido. El día diecisiete del mes séptimo el arca se detuvo sobre las montañas de Ararat, y las aguas siguieron bajando hasta que el primer día del mes décimo pudieron verse las cimas de las montañas.

Noé envió una paloma para ver si era seguro salir. Sin embargo, la paloma no encontró un lugar donde posarse y regresó al arca. Noé esperó siete días y envió de nuevo a la paloma. Él supo que las aguas habían bajado cuando la paloma regresó con una ramita de olivo recién cortada en su pico. Noé esperó otros siete días y envió por tercera vez a la paloma, pero esta vez no regresó.

Entonces Dios le dijo a Noé: «Sal del arca junto con tus hijos, tu esposa y tus nueras.

Saca también a todos los seres vivientes que están contigo: las aves, el ganado y todos los animales que se arrastran por el suelo. ¡Que sean fecundos! ¡Que se multipliquen y llenen la tierra!»

Salieron, pues, del arca Noé y sus hijos, su esposa y sus nueras. Salieron también todos los animales [...]

Luego Noé construyó un altar al S{\scriptsize EÑOR}.

Dios bendijo a Noé y a sus hijos con estas palabras: «Sean fecundos, multiplíquense y llenen la tierra.

Todos los animales de la tierra sentirán temor y respeto ante ustedes: las aves, las bestias salvajes, los animales que se arrastran por el suelo, y los peces del mar. Todos estarán bajo su dominio.

«Yo establezco mi pacto con ustedes, con sus descendientes.

Éste es mi pacto con ustedes: Nunca más serán exterminados los seres humanos por un diluvio; nunca más habrá un diluvio que destruya la tierra.»

Y Dios añadió: «Ésta es la señal del pacto que establezco para siempre con ustedes y con todos los seres vivientes que los acompañan:

He colocado mi arco iris en las nubes, el cual servirá como señal de mi pacto con la tierra.

Cada vez que aparezca el arco iris entre las nubes, yo lo veré y me acordaré del pacto que establecí para siempre con todos los seres vivientes que hay sobre la tierra.»

Cuando terminó el diluvio, las únicas personas en el mundo eran Noé y su familia. Los hijos de Noé tuvieron sus propios hijos y estos también tuvieron más hijos, así que después de un tiempo, hubo miles de personas de nuevo en el mundo.

Preguntas para la discusión

1. ¿Te gusta crear cosas? Describe algo que hayas hecho o dibujado. ¿Qué es lo que disfrutas al hacer o crear algo?

2. ¿Alguna vez has hecho algo que tu mamá o tu papá te dijo que no hicieras? ¿Qué pasó cuando ellos se enteraron? ¿Cómo te sentiste al enterarte de que ellos sabían lo que habías hecho?

3. Dios colocó un arco iris en las nubes como señal de su promesa de no volver a cubrir la tierra con agua. ¿Alguna vez le has hecho una promesa a alguien? ¿Cómo le demostraste a esa persona que tu intención de cumplir esa promesa era seria?

2

Dios construye una nación

Abram y su esposa Saray vivían en Jarán. Dios tenía un plan para Abram. Quería que él comenzara una nueva nación. Él amaría y bendeciría a Abram y a todos los miembros de su futura familia. Sin embargo, Abram y Saray eran ancianos y aún no habían tenido hijos. ¿Cómo podrían construir una gran nación si ellos no tenían hijos o nietos? Dios prometió que él se ocuparía de eso.

El Señor le dijo a Abram: «Deja tu tierra, tus parientes y la casa de tu padre, y vete a la tierra que te mostraré.

»Haré de ti una nación grande,
    y te bendeciré;
haré famoso tu nombre,
    y serás una bendición.

Bendeciré a los que te bendigan
    y maldeciré a los que te maldigan;

¡por medio de ti serán bendecidas
todas las familias de la tierra!»

Abram partió, tal como el Señor se lo había ordenado, y Lot se fue con él. Abram tenía setenta y cinco años cuando salió de Jarán.

Al encaminarse hacia la tierra de Canaán, Abram se llevó a su esposa Saray, a su sobrino Lot, a toda la gente que habían adquirido en Jarán, y todos los bienes que habían acumulado.

Y llegaron a Canaán.

Por la fe Abraham, cuando fue llamado para ir a un lugar que más tarde recibiría como herencia, obedeció y salió sin saber a dónde iba.

También Lot, que iba acompañando a Abram, tenía rebaños, ganado y tiendas de campaña.

La región donde estaban no daba abasto para mantener a los dos, porque tenían demasiado como para vivir juntos.

Después de que Lot se separó de Abram, el Señor le dijo: «Abram, levanta la vista desde el lugar donde estás, y mira hacia el norte y hacia el sur, hacia el este y hacia el oeste. Yo te daré a ti y a tu descendencia, para siempre, toda la tierra que abarca tu mirada.

Multiplicaré tu descendencia como el polvo de la tierra. Si alguien puede contar el polvo de la tierra, también podrá contar tus descendientes. ¡Ve y recorre el país a lo largo y a lo ancho, porque a ti te lo daré!»

Entonces Abram levantó su campamento y se fue a vivir cerca de Hebrón, junto al encinar de Mamré. Allí erigió un altar al Señor.

Después de esto, la palabra del Señor vino a Abram en una visión:

«No temas, Abram.
Yo soy tu escudo,
y muy grande será tu recompensa.»

Pero Abram le respondió:

—Señor y Dios, ¿para qué vas a darme algo, si aún sigo sin tener hijos, y el heredero de mis bienes será Eliezer de Damasco? Como no me has dado ningún hijo, mi herencia la recibirá uno de mis criados.

—¡No! Ese hombre no ha de ser tu heredero —le contestó el Señor—. Tu heredero será tu propio hijo.

Luego el Señor lo llevó afuera y le dijo: —Mira hacia el cielo y cuenta las estrellas, a ver si puedes. ¡Así de numerosa será tu descendencia!

Abram creyó al Señor, y el Señor lo reconoció a él como justo.

Cuando Abram tenía noventa y nueve años, el Señor se le apareció y le dijo: —Yo soy el Dios Todopoderoso. Vive en mi presencia y sé intachable. Así confirmaré mi pacto contigo, y multiplicaré tu descendencia en gran manera.

Al oír que Dios le hablaba, Abram cayó rostro en tierra, y Dios continuó: —Éste es el pacto que establezco contigo: Tú serás el padre de una multitud de naciones.

Ya no te llamarás Abram, sino que de ahora en adelante tu nombre será Abraham, porque te he confirmado como padre de una multitud de naciones. Te haré tan fecundo que de ti saldrán reyes y naciones.

Estableceré mi pacto contigo y con tu descendencia, como pacto perpetuo, por todas las generaciones. Yo seré tu Dios, y el Dios de tus descendientes.

A ti y a tu descendencia les daré, en posesión perpetua, toda la tierra de Canaán, donde ahora andan peregrinando. Y yo seré su Dios.

También le dijo Dios a Abraham: —A Saray, tu esposa, ya no la llamarás Saray, sino que su nombre será Sara. Yo la bendeciré, y por medio de ella te daré un hijo. Tanto la bendeciré, que será madre de naciones, y de ella surgirán reyes de pueblos.

Tal como el Señor lo había dicho, se ocupó de Sara y cumplió con la promesa que le había hecho. Sara quedó embarazada y le dio un hijo a Abraham en su vejez. Esto sucedió en el tiempo anunciado por Dios.

Al hijo que Sara le dio, Abraham le puso por nombre Isaac. Abraham tenía ya cien años cuando nació su hijo Isaac.

Sara dijo entonces: «Dios me ha hecho reír, y todos los que se enteren de que he tenido un hijo, se reirán conmigo.

¿Quién le hubiera dicho a Abraham que Sara amamantaría hijos? Sin embargo, le he dado un hijo en su vejez.»

Por la fe Abraham, a pesar de su avanzada edad y de que Sara misma era estéril, recibió fuerza para tener hijos, porque consideró fiel al que le había hecho la promesa.

Como Abraham confiaba en Dios, aun cuando las cosas parecían imposibles de lograr, Dios lo bendijo. Abraham era muy rico, tenía muchas ovejas y vacas, y finalmente tuvo el hijo que siempre había querido. Dios continuó bendiciendo a la familia de Abraham y creó una nación especial.

Preguntas para la discusión

1. ¿Has tenido alguna vez que cambiarte de casa y asistir a una escuela nueva?
   Si tu respuesta es sí, ¿cómo te sentiste?
   Si tu respuesta es no, ¿conoces a algunos niños nuevos en tu escuela o iglesia? ¿Qué puedes hacer para que ellos se sientan bienvenidos?

2. ¿Alguna vez has hecho algo que al principio parecía imposible de lograr? ¿Qué hiciste? ¿Qué hizo que tomaras la decisión de seguir adelante y lograr lo «imposible»?

3

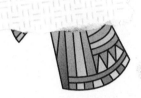

lavo a alto
el faraón

Isaac, el hijo de Abraham y Sara, creció y se casó. Tuvo un hijo que se llamó Jacob. Dios bendijo a Jacob al igual que lo había hecho con Abraham e Isaac. Jacob tuvo doce hijos, pero su favorito era José.

Los hermanos de José estaban celosos de él porque Jacob le había dado una túnica especial. José les contó a sus hermanos los sueños extraños que tenía acerca de estrellas y manojos de cereal haciéndole reverencias a él. Cuando los hermanos de José se dieron cuenta de que su hermano menor pensaba que algún día ellos le harían reverencias, lo odiaron aun más.

Israel le dijo a José: —Tus hermanos están en Siquén apacentando las ovejas. Quiero que vayas a verlos.

—Está bien —contestó José.

Israel continuó: —Vete a ver cómo están tus hermanos y el rebaño, y tráeme noticias frescas. Y lo envió desde el valle de Hebrón [...]

Como ellos alcanzaron a verlo desde lejos, antes de que se acercara tramaron un plan para matarlo.

Se dijeron unos a otros: —Ahí viene ese soñador. Ahora sí que le llegó la hora. Vamos a matarlo y echarlo en una de estas cisternas, y diremos que lo devoró un animal salvaje. ¡Y a ver en qué terminan sus sueños!

Cuando Rubén escuchó esto, intentó librarlo de las garras de sus hermanos, así que les propuso: —No lo matemos. No derramen sangre. Arrójenlo en esta cisterna en el desierto, pero no le pongan la mano encima.

Rubén dijo esto porque su intención era rescatar a José y devolverlo a su padre.

Cuando José llegó adonde estaban sus hermanos, le arrancaron la túnica especial de mangas largas, lo agarraron y lo echaron en una cisterna que estaba vacía y seca.

Luego se sentaron a comer. En eso, al levantar la vista, divisaron una caravana de ismaelitas que venía de Galaad. Sus camellos estaban cargados de perfumes, bálsamo y mirra, que llevaban a Egipto.

Entonces Judá les propuso a sus hermanos: —¿Qué ganamos con matar a nuestro hermano y ocultar su muerte? En vez de eliminarlo, vendámoslo a los ismaelitas; al fin de cuentas, es nuestro propio hermano. Sus hermanos estuvieron de acuerdo con él, así que cuando los mercaderes madianitas se acercaron, sacaron a José de la cisterna y se lo vendieron a los ismaelitas por veinte monedas de plata. Fue así como se llevaron a José a Egipto.

En seguida los hermanos tomaron la túnica especial de José, degollaron un cabrito, y con la sangre empaparon la túnica. Luego la mandaron a su padre con el siguiente mensaje: «Encontramos esto. Fíjate bien si es o no la túnica de tu hijo.»

En cuanto Jacob la reconoció, exclamó: «¡Sí, es la túnica de mi hijo! ¡Seguro que un animal salvaje se lo devoró y lo hizo pedazos!» Y Jacob se rasgó las vestiduras y se vistió de luto, y por mucho tiempo hizo duelo por su hijo.

Todos sus hijos y sus hijas intentaban calmarlo, pero él no se dejaba consolar, sino que decía: «No. Guardaré luto hasta que descienda al sepulcro para reunirme con mi hijo.» Así Jacob siguió llorando la muerte de José.

Cuando José fue llevado a Egipto, los ismaelitas que lo habían trasladado allá lo vendieron a Potifar, un egipcio que era funcionario del faraón y capitán de su guardia.

Ahora bien, el Señor estaba con José y las cosas le salían muy bien. Mientras José vivía en la casa de su patrón egipcio, éste se dio cuenta de que el Señor estaba con José y lo hacía prosperar en todo. José se ganó la confianza de Potifar, y éste lo nombró mayordomo de toda su casa y le confió la administración de todos sus bienes. Por causa de José, el Señor bendijo la casa del egipcio Potifar a partir del momento en que puso a José a cargo de su casa y de todos sus bienes.

La bendición del Señor se extendió sobre todo lo que tenía el egipcio, tanto en la casa como en el campo.

Por esto Potifar dejó todo a cargo de José, y tan sólo se preocupaba por lo que tenía que comer.

La esposa de Potifar quería pasar tiempo con José porque pensaba que era hermoso. José sabía que tenía que mantenerse alejado de ella porque era la esposa de Potifar. No quería cometer ningún error o hacer que Potifar se enojara con él. Sin embargo, a la esposa de Potifar realmente le gustaba José. Un día, cuando ella trató de ponerse romántica con él, José escapó, pero accidentalmente dejó caer su manto. Cuando Potifar regresó a casa, su esposa le mintió al decirle que José había tratado de atacarla.

Cuando el patrón de José escuchó de labios de su mujer cómo la había tratado el esclavo, se enfureció y mandó que echaran a José en la cárcel donde estaban los presos del rey. Pero aun en la cárcel el Señor estaba con él y no dejó de mostrarle su amor. Hizo que se ganara la confianza del guardia de la cárcel, el cual puso a José a cargo de todos los prisioneros y de todo lo que allí se hacía.

El Señor estaba con José y hacía prosperar todo lo que él hacía [...]

José podía explicar el significado de cualquier sueño porque Dios le daba las respuestas. Mientras José estaba en la

cárcel, Dios utilizó los sueños para ayudarlo. El faraón esta-
ba enojado con su panadero y su copero, y los envió presos
a la cárcel. Una noche, cada uno de ellos tuvo un sueño ex-
traño, por lo tanto, le preguntaron a José cuál era su signifi-
cado. José se los dijo y los sueños de ambos se cumplieron.
El copero salió libre. Pasaron dos años, un día el copero
escuchó que el faraón estaba teniendo sueños extraños, en-
tonces recordó a José y le dijo al faraón que José sería capaz
de decirle el significado de sus sueños.

Sin embargo, a la mañana siguiente se levantó muy preocupado, mandó llamar a todos los magos y sabios de Egipto, y les
contó los dos sueños. Pero nadie se los pudo interpretar.

El faraón mandó llamar a José, y en seguida lo sacaron de la
cárcel. Luego de afeitarse y cambiarse de ropa, José se presentó
ante el faraón, quien le dijo: —Tuve un sueño que nadie ha podido interpretar. Pero me he enterado de que, cuando tú oyes un
sueño, eres capaz de interpretarlo.

—No soy yo quien puede hacerlo —respondió José—, sino
que es Dios quien le dará al faraón una respuesta favorable.

El faraón soñó que siete vacas flacas se comían a siete
vacas gordas, y que siete espigas delgadas se comían a siete
espigas grandes. Cuando él habló con José acerca de estos
sueños, José le dijo lo que significaban. Vendrían siete años
de mucha abundancia en las cosechas seguidos de otros sie-
te años de mucha hambre. Dios también le dijo a José que el
faraón debía almacenar suficiente comida los años de abun-
dancia para que nadie pasara hambre durante los años de
escasez.

Al faraón y a sus servidores les pareció bueno el plan. Entonces el faraón les preguntó a sus servidores: —¿Podremos encontrar una persona así, en quien repose el espíritu de Dios?

Luego le dijo a José: —Puesto que Dios te ha revelado todo
esto, no hay nadie más competente y sabio que tú. Quedarás a
cargo de mi palacio, y todo mi pueblo cumplirá tus órdenes. Sólo
yo tendré más autoridad que tú, porque soy el rey.

Así que el faraón le informó a José: —Mira, yo te pongo a cargo de todo el territorio de Egipto.

De inmediato, el faraón se quitó el anillo oficial y se lo puso a José. Hizo que lo vistieran con ropas de lino fino, y que le pusieran un collar de oro en el cuello.

Después lo invitó a subirse al carro reservado para el segundo en autoridad, y ordenó que gritaran: «¡Abran paso!»

Fue así como el faraón puso a José al frente de todo el territorio de Egipto.

Entonces el faraón le dijo: —Yo soy el faraón, pero nadie en todo Egipto podrá hacer nada sin tu permiso.

Durante los siete años de abundancia, la tierra produjo grandes cosechas y todos estaban felices. Sin embargo, cuando llegaron los años malos, la gente de muchos países, incluso Jacob y sus hijos, no tenían nada para comer. Así que fueron a Egipto a comprar su alimento allí. Cuando los hijos de Jacob llegaron a Egipto, vieron a José, pero no lo reconocieron. Sin embargo, José supo que ellos eran sus hermanos y quiso ver si estaban arrepentidos de haberlo vendido como esclavo.

José puso a prueba a sus hermanos, asustándolos y haciéndoles pensar que estaban en problemas por haber robado. Sin embargo, como él aún amaba a sus hermanos, se aseguró de que ellos recibieran suficientes alimentos y que no pagaran por ellos. Como sus hermanos sabían que José era un gran gobernante de Egipto, al estar en su presencia se inclinaron ante él, ¡¡justo como en los sueños acerca de las estrellas y los manojos de cereal! Finalmente, José hizo un anuncio.

—¡Acérquense!

Cuando ellos se acercaron, él añadió: —Yo soy José, el hermano de ustedes, a quien vendieron a Egipto. Pero ahora, por favor no se aflijan más ni se reprochen el haberme vendido, pues en realidad fue Dios quien me mandó delante de ustedes para salvar vidas.

Desde hace dos años la región está sufriendo de hambre, y todavía faltan cinco años más en que no habrá siembras ni cosechas. Por eso Dios me envió delante de ustedes: para salvarles la vida de manera extraordinaria y de ese modo asegurarles descendencia sobre la tierra.

Fue Dios quien me envió aquí, y no ustedes. Él me ha puesto como asesor del faraón y administrador de su casa, y como gobernador de todo Egipto.

Cuéntenle a mi padre del prestigio que tengo en Egipto, y de todo lo que han visto. ¡Pero apúrense y tráiganlo ya!

Los hermanos de José salieron de Egipto y llegaron a Canaán, donde residía su padre Jacob. Al llegar le dijeron: «¡José vive, José vive! ¡Es el gobernador de todo Egipto!»

Jacob quedó atónito y no les creía, pero ellos le repetían una y otra vez todo lo que José les había dicho.

Y cuando su padre Jacob vio los carros que José había enviado para llevarlo, se reanimó. Entonces exclamó: «¡Con esto me basta! ¡Mi hijo José aún vive! Iré a verlo antes de morirme.»

Jacob mandó a Judá que se adelantara para que le anunciara a José su llegada y éste lo recibiera en Gosén.

Cuando llegaron a esa región, José hizo que prepararan su carruaje, y salió a Gosén para recibir a su padre Israel. Cuando se encontraron, José se fundió con su padre en un abrazo, y durante un largo rato lloró sobre su hombro.

José instaló a su padre y a sus hermanos, y les entregó terrenos en la mejor región de Egipto, es decir, en el distrito de Ramsés, tal como lo había ordenado el faraón.

Preguntas para la discusión

1. Si tienes hermanos, ¿qué tipo de actividades te gusta hacer con ellos? Escoge una y explica por qué disfrutas esa actividad.

2. ¿Alguna vez le has mentido a tu mamá o papá? ¿Por qué mentiste? ¿Qué pasó cuando ellos se enteraron de la verdad?

3. ¿Alguna vez has pasado la noche en casa de un amigo y has tenido miedo porque estabas lejos de casa? ¿Qué hiciste?

4

La salida de Egipto

Jacob y José murieron. Pasaron muchos años y pronto hubo miles y miles de israelitas viviendo en Egipto.

Pero llegó al poder en Egipto otro rey que no había conocido a José, y le dijo a su pueblo: «¡Cuidado con los israelitas, que ya son más fuertes y numerosos que nosotros!

Vamos a tener que manejarlos con mucha astucia; de lo contrario, seguirán aumentando y, si estalla una guerra, se unirán a nuestros enemigos, nos combatirán y se irán del país.»

Fue así como los egipcios pusieron capataces para que oprimieran a los israelitas. Les impusieron trabajos forzados […]

El faraón, por su parte, dio esta orden a todo su pueblo:

—¡Tiren al río a todos los niños hebreos que nazcan! A las niñas, déjenlas con vida.

Hubo un levita que tomó por esposa a una mujer de su propia tribu.

La mujer quedó embarazada y tuvo un hijo, y al verlo tan hermoso lo escondió durante tres meses.

Cuando ya no pudo seguir ocultándolo, preparó una cesta de papiro, la embadurnó con brea y asfalto y, poniendo en ella al niño, fue a dejar la cesta entre los juncos que había a la orilla del Nilo. Pero la hermana del niño se quedó a cierta distancia para ver qué pasaría con él.

En eso, la hija del faraón bajó a bañarse en el Nilo. Sus doncellas, mientras tanto, se paseaban por la orilla del río. De pronto la hija del faraón vio la cesta entre los juncos, y ordenó a una de sus esclavas que fuera por ella.

Cuando la hija del faraón abrió la cesta y vio allí dentro un niño que lloraba, le tuvo compasión, pero aclaró que se trataba de un niño hebreo.

La hermana del niño preguntó entonces a la hija del faraón: —¿Quiere usted que vaya y llame a una nodriza hebrea, para que críe al niño por usted?

—Ve a llamarla —contestó.

La muchacha fue y trajo a la madre del niño, y la hija del faraón le dijo: —Llévate a este niño y críamelo. Yo te pagaré por hacerlo. Fue así como la madre del niño se lo llevó y lo crió.

Ya crecido el niño, se lo llevó a la hija del faraón, y ella lo adoptó como hijo suyo; además, le puso por nombre Moisés, pues dijo: «¡Yo lo saqué del río!»

Un día, cuando ya Moisés era mayor de edad, fue a ver a sus hermanos de sangre y pudo observar sus penurias. De pronto, vio que un egipcio golpeaba a uno de sus hermanos, es decir, a un hebreo. Miró entonces a uno y otro lado y, al no ver a nadie, mató al egipcio y lo escondió en la arena.

Moisés huyó de Egipto porque tuvo miedo de que la gente supiera lo que él había hecho. Se fue a la tierra de Madián, donde conoció a una familia de pastores. Allí se casó y se convirtió también en pastor.

Un día en que Moisés estaba cuidando el rebaño de Jetro, su suegro, que era sacerdote de Madián, llevó las ovejas hasta el otro extremo del desierto y llegó a Horeb, la montaña de Dios.

Estando allí, el ángel del Señor se le apareció entre las llamas de una zarza ardiente. Moisés notó que la zarza estaba envuelta en llamas, pero que no se consumía, así que pensó: «¡Qué increíble! Voy a ver por qué no se consume la zarza.»

Cuando el Señor vio que Moisés se acercaba a mirar, lo llamó desde la zarza: —¡Moisés, Moisés!

—Aquí me tienes —respondió.

—No te acerques más —le dijo Dios—. Quítate las sandalias, porque estás pisando tierra santa. Yo soy el Dios de tu padre. Soy el Dios de Abraham, de Isaac y de Jacob.

Al oír esto, Moisés se cubrió el rostro, pues tuvo miedo de mirar a Dios.

Pero el Señor siguió diciendo: —Ciertamente he visto la opresión que sufre mi pueblo en Egipto. Los he escuchado quejarse de sus capataces, y conozco bien sus penurias.

Así que he descendido para librarlos del poder de los egipcios y sacarlos de ese país, para llevarlos a una tierra buena y espaciosa, tierra donde abundan la leche y la miel […]

Han llegado a mis oídos los gritos desesperados de los israelitas, y he visto también cómo los oprimen los egipcios. Así que dispónte a partir. Voy a enviarte al faraón para que saques de Egipto a los israelitas, que son mi pueblo.

Pero Moisés le dijo a Dios: —¿Y quién soy yo para presentarme ante el faraón y sacar de Egipto a los israelitas?

—Yo estaré contigo —le respondió Dios—. Y te voy a dar una señal de que soy yo quien te envía: Cuando hayas sacado de Egipto a mi pueblo, todos ustedes me rendirán culto en esta montaña.

—Señor, yo nunca me he distinguido por mi facilidad de palabra —objetó Moisés—. Y esto no es algo que haya comenzado ayer ni anteayer, ni hoy que te diriges a este servidor tuyo. Francamente, me cuesta mucho trabajo hablar.

—¿Y quién le puso la boca al hombre? —le respondió el Señor—. ¿Acaso no soy yo, el Señor, quien lo hace sordo o mudo, quien le da la vista o se la quita?

Anda, ponte en marcha, que yo te ayudaré a hablar y te diré lo que debas decir.

—Señor —insistió Moisés—, te ruego que envíes a alguna otra persona.

Entonces el Señor ardió en ira contra Moisés y le dijo: —¿Y qué hay de tu hermano Aarón, el levita? Yo sé que él es muy elocuente. Además, ya ha salido a tu encuentro, y cuando te vea se le alegrará el corazón. Tú hablarás con él y le pondrás las palabras en la boca; yo los ayudaré a hablar, a ti y a él, y les enseñaré lo que tienen que hacer.

Él hablará por ti al pueblo, como si tú mismo le hablaras, y tú le hablarás a él por mí, como si le hablara yo mismo.

Pero no te olvides de llevar contigo esta vara, porque con ella harás señales milagrosas.

Moisés y Aarón fueron al palacio del faraón y le pidieron que dejara ir a los israelitas. Sin embargo, el faraón no quiso dejar ir a los esclavos. De hecho, estaba tan enojado de que Moisés y Aarón se hubieran atrevido a pedirle que los dejara libres, que decidió castigar a los israelitas y hacerlos trabajar aun más fuerte.

El Señor le dijo a Moisés: «El corazón del faraón se ha obstinado, y se niega a dejar salir al pueblo. Anda a verlo por la mañana, cuando salga a bañarse. Espéralo a orillas del río Nilo, y sal luego a su encuentro. No dejes de llevar la vara que se convirtió en serpiente.

Dile allí: "El Señor y Dios de los hebreos, me ha enviado a decirte: '¡Deja ir a mi pueblo para que me rinda culto en el desierto!' Como no has querido obedecer,

el Señor dice: '¡Ahora vas a saber que yo soy el Señor!' Con esta vara que llevo en la mano voy a golpear las aguas del Nilo, y el río se convertirá en sangre. Morirán los peces que hay en el río, y el río apestará y los egipcios no podrán beber agua de allí." »

Dijo también el Señor a Moisés: «Dile a Aarón que tome su vara y extienda el brazo sobre las aguas de Egipto, para que se conviertan en sangre sus arroyos y canales, y sus lagunas y depósitos de agua. Habrá sangre por todo el territorio de Egipto, ¡hasta en las vasijas de madera y de piedra!»

Moisés y Aarón cumplieron las órdenes del Señor. En presencia del faraón y de sus funcionarios, Aarón levantó su vara y golpeó las aguas del Nilo. ¡Y toda el agua del río se convirtió en sangre!

Murieron los peces que había en el Nilo, y tan mal olía el río que los egipcios no podían beber agua de allí. Por todo Egipto se veía sangre.

Sin embargo, mediante sus artes secretas los magos egipcios hicieron lo mismo, de modo que el faraón endureció su corazón y, tal como el SEÑOR lo había advertido, no les hizo caso ni a Aarón ni a Moisés. Como si nada hubiera pasado, se dio media vuelta y regresó a su palacio.

Mientras tanto, todos los egipcios hacían pozos a la orilla del Nilo en busca de agua potable, porque no podían beber el agua del río.

A pesar de que Dios convirtió toda el agua en sangre, el faraón no dejaba ir a los israelitas. Por eso, Dios envió ranas a cubrir la tierra, pero aun así, el faraón no los dejaba partir. Y aunque Dios envió más castigos (plagas) de mosquitos, moscas, enfermedades en los animales, llagas llamadas úlceras, granizo, langostas y oscuridad, el faraón no dejó salir a los israelitas. Él quería tenerlos como esclavos. No importaba lo que Moisés o Dios dijeran, el faraón estaba decidido a negarse.

El SEÑOR le dijo a Moisés: «Voy a traer una plaga más sobre el faraón y sobre Egipto. Después de eso, dejará que se vayan. Y cuando lo haga, los echará de aquí para siempre».

Dios envió una última plaga, que fue la peor de todas. Iba a llevarse al hijo mayor de cada familia egipcia. Él le dijo a Moisés que les pidiera a los israelitas untar la sangre de sus corderos sobre sus puertas, de esta forma la horrorosa plaga no los tocaría a ellos. Esa noche, por todo Egipto, madres y padres lloraron al encontrar a sus hijos mayores muertos. La plaga mató incluso al hijo del faraón.

Esa misma noche mandó llamar el faraón a Moisés y a Aarón, y les ordenó: «¡Largo de aquí! ¡Aléjense de mi pueblo ustedes y los israelitas! ¡Vayan a adorar al SEÑOR, como lo han estado pidiendo! Llévense también sus rebaños y sus ganados, como lo han pedido, ¡pero váyanse ya, que para mí será una bendición!»

Los israelitas habían vivido en Egipto cuatrocientos treinta años. Precisamente el día en que se cumplían los cuatrocientos treinta años, todos los escuadrones del SEÑOR salieron de Egipto.

De día, el SEÑOR iba al frente de ellos en una columna de nube para indicarles el camino; de noche, los alumbraba con una columna de fuego. De ese modo podían viajar de día y de noche. Jamás la columna de nube dejaba de guiar al pueblo durante el día, ni la columna de fuego durante la noche.

Dios sabía que el faraón pronto cambiaría de opinión y trataría de hacer regresar a sus esclavos. Por lo tanto, Dios le dijo a Moisés que les ordenara a los israelitas caminar de regreso hacia Egipto y acampar en un lugar especial cerca del Mar Rojo. Dios tenía un plan. Quería atraer al faraón hacia una trampa.

El faraón va a pensar: "Los israelitas andan perdidos en esa tierra. ¡El desierto los tiene acorralados!" Yo, por mi parte, endureceré el corazón del faraón para que él los persiga. Voy a cubrirme de gloria, a costa del faraón y de todo su ejército. ¡Y los egipcios sabrán que yo soy el SEÑOR!» Así lo hicieron los israelitas.

Y cuando el rey de Egipto se enteró de que el pueblo se había escapado, tanto él como sus funcionarios cambiaron de parecer en cuanto a los israelitas y dijeron: «¡Pero qué hemos hecho! ¿Cómo pudimos dejar que se fueran los israelitas y abandonaran su trabajo?»

Al momento ordenó el faraón que le prepararan su carro y echó mano de su ejército.

El SEÑOR endureció el corazón del faraón, rey de Egipto, para que saliera en persecución de los israelitas, los cuales marchaban con aire triunfal. Todo el ejército del faraón —caballos, carros, jinetes y tropas de Egipto— salió tras los israelitas y les dio alcance cuando éstos acampaban junto al mar [...]

El faraón iba acercándose. Cuando los israelitas se fijaron y vieron a los egipcios pisándoles los talones, sintieron mucho miedo y clamaron al SEÑOR.

Entonces le reclamaron a Moisés: —¿Acaso no había sepulcros en Egipto, que nos sacaste de allá para morir en el desierto? ¿Qué has hecho con nosotros? ¿Para qué nos sacaste de Egipto? Ya en Egipto te decíamos: "¡Déjanos en paz! ¡Preferimos servir a los egipcios!" ¡Mejor nos hubiera sido servir a los egipcios que morir en el desierto!

—No tengan miedo —les respondió Moisés—. Mantengan sus posiciones, que hoy mismo serán testigos de la salvación que el Señor realizará en favor de ustedes. A esos egipcios que hoy ven, ¡jamás volverán a verlos! Ustedes quédense quietos, que el Señor presentará batalla por ustedes.

Pero el Señor le dijo a Moisés: «¿Por qué clamas a mí? ¡Ordena a los israelitas que se pongan en marcha! Y tú, levanta tu vara, extiende tu brazo sobre el mar y divide las aguas, para que los israelitas lo crucen sobre terreno seco.

Yo voy a endurecer el corazón de los egipcios, para que los persigan. ¡Voy a cubrirme de gloria a costa del faraón y de su ejército, y de sus carros y jinetes!

Y cuando me haya cubierto de gloria a costa de ellos, los egipcios sabrán que yo soy el Señor.»

Entonces el ángel de Dios, que marchaba al frente del ejército israelita, se dio vuelta y fue a situarse detrás de éste. Lo mismo sucedió con la columna de nube, que dejó su puesto de vanguardia y se desplazó hacia la retaguardia, quedando entre los egipcios y los israelitas. Durante toda la noche, la nube fue oscuridad para unos y luz para otros, así que en toda esa noche no pudieron acercarse los unos a los otros.

Moisés extendió su brazo sobre el mar, y toda la noche el Señor envió sobre el mar un recio viento del este que lo hizo retroceder, convirtiéndolo en tierra seca. Las aguas del mar se dividieron, y los israelitas lo cruzaron sobre tierra seca. El mar era para ellos una muralla de agua a la derecha y otra a la izquierda.

Los egipcios los persiguieron. Todos los caballos y carros del faraón, y todos sus jinetes, entraron en el mar tras ellos.

Cuando ya estaba por amanecer, el Señor miró al ejército egipcio desde la columna de fuego y de nube, y sembró la confusión entre ellos: hizo que las ruedas de sus carros se atascaran, de modo que se les hacía muy difícil avanzar.

Entonces exclamaron los egipcios: «¡Alejémonos de los

israelitas, pues el Señor está peleando por ellos y contra nosotros!»

Entonces el Señor le dijo a Moisés: «Extiende tu brazo sobre el mar, para que las aguas se vuelvan contra los egipcios y contra sus carros y jinetes.» Moisés extendió su brazo sobre el mar y, al despuntar el alba, el agua volvió a su estado normal. Los egipcios, en su huida, se toparon con el mar, y así el Señor los hundió en el fondo del mar. Al recobrar las aguas su estado normal,

se tragaron a todos los carros y jinetes del faraón, y a todo el ejército que había entrado al mar para perseguir a los israelitas. Ninguno de ellos quedó con vida.

Moisés guió al pueblo lejos del Mar Rojo. Ya que los israelitas estaban realmente libres de Egipto, se dirigieron a Canaán, la tierra que Dios les había prometido. Sin embargo, los israelitas no estaban contentos de caminar todo el día y comenzaron a quejarse.

Moisés y Aarón les dijeron a todos los israelitas: —Esta tarde sabrán que fue el Señor quien los sacó de Egipto, y mañana por la mañana verán la gloria del Señor. Ya él sabe que ustedes andan murmurando contra él. Nosotros no somos nadie, para que ustedes murmuren contra nosotros.

Luego se dirigió Moisés a Aarón: —Dile a toda la comunidad israelita que se acerque al Señor, pues los ha oído murmurar contra él.

Mientras Aarón hablaba con toda la comunidad israelita, volvieron la mirada hacia el desierto, y vieron que la gloria del Señor se hacía presente en una nube.

El Señor habló con Moisés y le dijo: «Han llegado a mis oídos las murmuraciones de los israelitas. Diles que antes de que caiga la noche comerán carne, y que mañana por la mañana se hartarán de pan. Así sabrán que yo soy el Señor su Dios.»

Esa misma tarde el campamento se llenó de codornices, y por la mañana una capa de rocío rodeaba el campamento. Al desaparecer el rocío, sobre el desierto quedaron unos copos muy finos, semejantes a la escarcha que cae sobre la tierra. Como los israelitas no sabían lo que era, al verlo se preguntaban unos a otros: «¿Y esto qué es?»

Moisés les respondió: —Es el pan que el Señor les da para comer. Y éstas son las órdenes que el Señor me ha dado: "Recoja cada uno de ustedes la cantidad que necesite para toda la familia, calculando dos litros por persona."

Así lo hicieron los israelitas. Algunos recogieron mucho; otros recogieron poco. Pero cuando lo midieron por litros, ni al que recogió mucho le sobraba, ni al que recogió poco le faltaba: cada uno recogió la cantidad necesaria.

Preguntas para la discusión

1. ¿Oras a Dios antes de tomar un examen o cuando intentas hacer algo nuevo? Si es así, ¿qué le dices?

2. ¿Qué cosas maravillosas han sucedido en tu vida? ¿Le diste gracias a Dios por ellas? Además de hacerlo mediante la oración, ¿de qué otra forma le puedes demostrar tu agradecimiento a Dios?

3. ¿Alguna vez te preguntaste si Dios te iba a ayudar cuando tenías miedo? ¿Qué puedes hacer cuando te sientes así?

5

Nuevos mandamientos

Moisés habló con Dios en el monte Sinaí mientras los israelitas estaban en el desierto. Dios le entregó a Moisés diez mandamientos, que los israelitas debían seguir como pueblo santo del Señor. Él escribió los diez mandamientos sobre dos grandes tablas de piedra. Moisés llevó estas tablas al pueblo y esto es lo que Dios había escrito en ellas:

«Yo soy el Señor tu Dios. Yo te saqué de Egipto, del país donde eras esclavo.

»No tengas otros dioses además de mí.

»No te hagas ningún ídolo, ni nada que guarde semejanza con lo que hay arriba en el cielo, ni con lo que hay abajo en la tierra, ni con lo que hay en las aguas debajo de la tierra. No te inclines delante de ellos ni los adores. Yo, el Señor tu Dios, soy un Dios celoso. Cuando los padres son malvados y me odian, yo castigo a sus hijos hasta la tercera y cuarta generación. Por el contrario, cuando me aman y cumplen mis mandamientos, les muestro mi amor por mil generaciones.

»No pronuncies el nombre del Señor tu Dios a la ligera. Yo, el Señor, no tendré por inocente a quien se atreva a pronunciar mi nombre a la ligera.

»Acuérdate del sábado, para consagrarlo. Trabaja seis días, y haz en ellos todo lo que tengas que hacer, pero el día séptimo será un día de reposo para honrar al Señor tu Dios. No hagas en ese día ningún trabajo, ni tampoco tu hijo, ni tu hija, ni tu esclavo, ni tu esclava, ni tus animales, ni tampoco los extranjeros que vivan en tus ciudades. Acuérdate de que en seis días hizo el Señor los cielos y la tierra, el mar y todo lo que hay en ellos, y que descansó el séptimo día. Por eso el Señor bendijo y consagró el día de reposo.

»Honra a tu padre y a tu madre, para que disfrutes de una larga vida en la tierra que te da el Señor tu Dios.

»No mates.

»No cometas adulterio.

»No robes.

»No des falso testimonio en contra de tu prójimo.

»No codicies la casa de tu prójimo: No codicies su esposa, ni su esclavo, ni su esclava, ni su buey, ni su burro, ni nada que le pertenezca.»

Moisés fue y refirió al pueblo todas las palabras y disposiciones del Señor, y ellos respondieron a una voz: «Haremos todo lo que el Señor ha dicho.»

El Señor habló con Moisés y le dijo: «Ordénales a los israelitas que me traigan una ofrenda. La deben presentar todos los que sientan deseos de traérmela.

»Después me harán un santuario, para que yo habite entre ustedes. El santuario y todo su mobiliario deberán ser una réplica exacta del modelo que yo te mostraré».

Fue así como Dios le dio instrucciones a Moisés para la construcción del arca del pacto. El arca era una señal santa de la presencia de Dios. Él le dijo a Moisés que la hiciera de madera, la cubriera con oro y colocara dos ángeles sobre ella. Solamente los sacerdotes podían cargar el arca sobre unas varas especiales; nadie más podía tocarla. El arca contenía un jarrón con maná y dos tablas de piedra para recordarle al pueblo cómo Dios los había ayudado en el desierto.

Dios también le dio a Moisés leyes para los israelitas sobre cómo debían mantenerse limpios, qué debían comer y cuándo ofrecer sacrificios a Dios. Los sacrificios de animales pagaban por el pecado de la persona. Si ellos estaban realmente arrepentidos y ofrecían sus mejores animales, eran perdonados.

Dios entregó todas estas instrucciones y leyes para asegurarse de que su pueblo permanecía siendo especial. Él continuó guiándolos y protegiéndolos mientras se acercaban a la tierra prometida.

Preguntas para la discusión

1. ¿Cuáles reglas debes seguir en casa? (Describe tres).

2. Si rompes estas reglas, ¿qué pasa?

3. ¿Tienes un lugar especial para orar a Dios? Si es así, ¿dónde está ese lugar y por qué es tan especial para ti?

6

Errantes

Cada vez que los israelitas acampaban en un nuevo lugar, Moisés armaba una tienda especial llamada Tienda de Reunión, allí Dios venía a conversar con él. De esta manera, los israelitas iban a la tienda y le preguntaban a Moisés lo que Dios quería que ellos hicieran.

Mientras los israelitas acampaban cerca de la tierra prometida, Dios tuvo un mensaje muy emocionante para Moisés. Y esto fue lo que sucedió:

El Señor le dijo a Moisés: «Quiero que envíes a algunos de tus hombres a explorar la tierra que estoy por entregar a los israelitas. De cada tribu enviarás a un líder que la represente.»

[...] Moisés los envió [y les dijo:]

Exploren el país, y fíjense cómo son sus habitantes, si son fuertes o débiles, muchos o pocos.

»Averigüen si la tierra en que viven es buena o mala, y si sus ciudades son abiertas o amuralladas. Examinen el terreno, y vean si es fértil o estéril, y si tiene árboles o no. ¡Adelante! Traigan algunos frutos del país.» Ésa era la temporada en que maduran las primeras uvas.

Los doce hombres se fueron y exploraron la tierra [...]

Cuando llegaron al valle del arroyo Escol, cortaron un sarmiento que tenía un solo racimo de uvas, y entre dos lo llevaron colgado de una vara. También cortaron granadas e higos.

Al cabo de cuarenta días los doce hombres regresaron de explorar aquella tierra.

Volvieron a Cades [...] que era donde estaban Moisés, Aarón y toda la comunidad israelita, y les presentaron a todos ellos un informe, y les mostraron los frutos de esa tierra.

Éste fue el informe: —Fuimos al país al que nos enviaste, ¡y por cierto que allí abundan la leche y la miel! Aquí pueden ver sus frutos.

Pero el pueblo que allí habita es poderoso, y sus ciudades son enormes y están fortificadas [...]

Caleb hizo callar al pueblo ante Moisés, y dijo: —Subamos a conquistar esa tierra. Estoy seguro de que podremos hacerlo.

Pero los que habían ido con él respondieron: —No podremos combatir contra esa gente. ¡Son más fuertes que nosotros! Y comenzaron a esparcir entre los israelitas falsos rumores acerca de la tierra que habían explorado. Decían: —La tierra que hemos explorado se traga a sus habitantes, y los hombres que allí vimos son enormes. [...] Comparados con ellos, parecíamos langostas, y así nos veían ellos a nosotros.

Aquella noche toda la comunidad israelita se puso a gritar y a llorar.

En sus murmuraciones contra Moisés y Aarón, la comunidad decía: «¡Cómo quisiéramos haber muerto en Egipto! ¡Más nos valdría morir en este desierto! ¿Para qué nos ha traído el Señor a esta tierra? ¿Para morir atravesados por la espada, y que nuestras esposas y nuestros niños se conviertan en botín de guerra? ¿No sería mejor que volviéramos a Egipto?»

Y unos a otros se decían: «¡Escojamos un cabecilla que nos lleve a Egipto!»

Entonces Moisés y Aarón cayeron rostro en tierra ante toda la comunidad israelita.

Y le dijeron a toda la comunidad israelita: —La tierra que recorrimos y exploramos es increíblemente buena. Si el Señor se agrada de nosotros, nos hará entrar en ella. ¡Nos va a dar una tierra donde abundan la leche y la miel! Así que no se rebelen contra el Señor ni tengan miedo de la gente que habita en esa tierra. ¡Ya son pan comido! No tienen quién los proteja, porque el Señor está de parte nuestra. Así que, ¡no les tengan miedo!

El pueblo escuchó las quejas de los espías en vez de confiar en que Dios los protegería y les daría la tierra que les había prometido. Dios se enojó muchísimo y decidió castigarlos por dudar de que él pudiera vencer al pueblo de Canaán. Él dijo que solo Josué y Caleb entrarían a la tierra prometida. Los demás adultos no vivirían allí, pero sus hijos sí. Por eso durante cuarenta años, como castigo por no confiar en Dios, los israelitas tuvieron que vagar por el desierto.

Como hubo una gran escasez de agua, los israelitas se amotinaron contra Moisés y Aarón, y le reclamaron a Moisés: «¡Ojalá el Señor nos hubiera dejado morir junto con nuestros hermanos! ¿No somos acaso la asamblea del Señor? ¿Para qué nos trajiste a este desierto, a morir con nuestro ganado? ¿Para qué nos sacaste de Egipto y nos metiste en este horrible lugar? Aquí no hay semillas, ni higueras, ni viñas, ni granados, ¡y ni siquiera hay agua!»

Moisés y Aarón se apartaron de la asamblea y fueron a la entrada de la Tienda de reunión, donde se postraron rostro en tierra.

Entonces la gloria del Señor se manifestó ante ellos, y el Señor le dijo a Moisés: «Toma la vara y reúne a la asamblea. En presencia de ésta, tú y tu hermano le ordenarán a la roca que dé agua. Así harán que de ella brote agua, y darán de beber a la asamblea y a su ganado.»

Tal como el Señor se lo había ordenado, Moisés tomó la vara que estaba ante el Señor.

Luego Moisés y Aarón reunieron a la asamblea frente a la roca, y Moisés dijo: «¡Escuchen, rebeldes! ¿Acaso tenemos que sacarles agua de esta roca?»

Dicho esto, levantó la mano y dos veces golpeó la roca con la vara, ¡y brotó agua en abundancia, de la cual bebieron la asamblea y su ganado!

El Señor les dijo a Moisés y a Aarón: «Por no haber confiado en mí, ni haber reconocido mi santidad en presencia de los israelitas, no serán ustedes los que lleven a esta comunidad a la tierra que les he dado.»

Los israelitas continuaron vagando por el desierto. Ellos se quejaban por la comida, desafiaban a sus líderes, rogaban por agua, se enfrentaban a serpientes venenosas y peleaban batallas con reyes. Cada vez que algo pasaba, Dios salvaba a su pueblo. Él utilizó estos cuarenta años en el desierto

para enseñarles a los israelitas a confiar en él y seguir sus mandatos. Los israelitas prometieron obedecer a Dios, y confiaron en él en lugar de quejarse. El pueblo estaba casi listo para entrar a la tierra prometida. Sin embargo, Moisés murió antes de entrar a Canaán. Los israelitas estaban muy tristes por perder a su líder, a quien Dios mismo enterró.

Desde entonces no volvió a surgir en Israel otro profeta como Moisés, con quien el Señor tenía trato directo. Sólo Moisés hizo todas aquellas señales y prodigios que el Señor le mandó realizar en Egipto ante el faraón, sus funcionarios y todo su país. Nadie ha demostrado jamás tener un poder tan extraordinario, ni ha sido capaz de realizar las proezas que hizo Moisés ante todo Israel.

Preguntas para la discusión

1. ¿Tienes un lugar en donde te gusta explorar o montar tu bicicleta? Si es así, ¿dónde está ese lugar o adónde vas? ¿Por qué este lugar es especial para ti?

2. ¿Cuándo fue la última vez que conseguiste algo que realmente querías? ¿Qué cosa era? ¿Por qué querías tanto eso? ¿Le diste gracias a Dios por ello?

7

Comienza la batalla

Después de la muerte de Moisés, siervo del Señor, Dios le dijo a Josué hijo de Nun, asistente de Moisés: «Mi siervo Moisés ha muerto. Por eso tú y todo este pueblo deberán prepararse para cruzar el río Jordán y entrar a la tierra que les daré a ustedes los israelitas.

Tal como le prometí a Moisés, yo les entregaré a ustedes todo lugar que toquen sus pies.

Durante todos los días de tu vida, nadie será capaz de enfrentarse a ti. Así como estuve con Moisés, también estaré contigo; no te dejaré ni te abandonaré.

»Sé fuerte y valiente, porque tú harás que este pueblo herede la tierra que les prometí a sus antepasados.

Sólo te pido que tengas mucho valor y firmeza para obedecer toda la ley que mi siervo Moisés te mandó. No te apartes de ella para nada; sólo así tendrás éxito dondequiera que vayas.

Entonces Josué dio la siguiente orden a los jefes del pueblo: «Vayan por todo el campamento y díganle al pueblo que prepare provisiones, porque dentro de tres días cruzará el río Jordán para tomar posesión del territorio que Dios el Señor le da como herencia.»

Josué recordaba que las personas en Canaán eran muy fuertes, entonces envió espías a Jericó, uno de los pueblos en Canaán que Dios quería que los israelitas tomaran. Cuando los espías llegaron a Jericó, se encontraron con una mujer llamada Rajab. Ella sabía acerca de Dios y su plan, por lo que decidió mantener a salvo a los espías.

Pero el rey de Jericó se enteró de que dos espías israelitas habían entrado esa noche en la ciudad para reconocer el país.

Así que le envió a Rajab el siguiente mensaje: «Echa fuera a los hombres que han entrado en tu casa, pues vinieron a espiar nuestro país.»

Pero la mujer, que ya había escondido a los espías, le respondió al rey: «Es cierto que unos hombres vinieron a mi casa, pero no sé quiénes eran ni de dónde venían. Salieron cuando empezó a oscurecer, a la hora de cerrar las puertas de la ciudad, y no sé a dónde se fueron. Vayan tras ellos; tal vez les den alcance.»

(En realidad, la mujer había llevado a los hombres al techo de la casa y los había escondido entre los manojos de lino que allí secaba.)

Los hombres del rey fueron tras los espías, por el camino que lleva a los vados del río Jordán. En cuanto salieron, las puertas de Jericó se cerraron.

Antes de que los espías se acostaran, Rajab subió al techo y les dijo: —Yo sé que el Señor les ha dado esta tierra, y por eso estamos aterrorizados; todos los habitantes del país están muertos de miedo ante ustedes.

Tenemos noticias de cómo el Señor secó las aguas del Mar Rojo para que ustedes pasaran, después de haber salido de Egipto [...]

Por eso estamos todos tan amedrentados y descorazonados frente a ustedes. Yo sé que el Señor y Dios es Dios de dioses tanto en el cielo como en la tierra.

Por lo tanto, les pido ahora mismo que juren en el nombre del Señor que serán bondadosos con mi familia, como yo lo he sido con ustedes. Quiero que me den como garantía una señal de que perdonarán la vida de mis padres, de mis hermanos y de todos los que viven con ellos. ¡Juren que nos salvarán de la muerte!

—¡Juramos por nuestra vida que la de ustedes no correrá peligro! —contestaron ellos—. Si no nos delatas, seremos bondadosos contigo y cumpliremos nuestra promesa cuando el Señor nos entregue este país.

Entonces Rajab los bajó por la ventana con una soga, pues la casa donde ella vivía estaba sobre la muralla de la ciudad. Ya les había dicho previamente: «Huyan rumbo a las montañas para que sus perseguidores no los encuentren. Escóndanse allí por tres días, hasta que ellos regresen. Entonces podrán seguir su camino.»

Los hombres se dirigieron a las montañas y permanecieron allí tres días, hasta que sus perseguidores regresaron a la ciudad. Los habían buscado por todas partes, pero sin éxito.

Los dos hombres emprendieron el regreso; bajando de las montañas, vadearon el río y llegaron adonde estaba Josué hijo de Nun. Allí le relataron todo lo que les había sucedido.

A Josué le agradó el informe de los espías, sabía que significaba que Dios tendría cuidado del pueblo una vez que la batalla comenzara en Canaán. Josué tenía a todos los israelitas preparados para lo que Dios haría, y ellos estaban listos para atacar Jericó. Dios le dijo a Josué cuál era su plan para capturar la ciudad. Esto es lo que pasó cuando los israelitas llegaron a la ciudad de Jericó y las puertas estaban bien cerradas:

Al resto del pueblo, en cambio, Josué le ordenó marchar en silencio, sin decir palabra alguna ni gritar hasta el día en que les diera la orden de gritar a voz en cuello.

Josué hizo llevar el arca alrededor de Jericó una sola vez. Después, el pueblo regresó al campamento para pasar la noche.

Al día siguiente, Josué se levantó temprano, y los sacerdotes cargaron el arca del Señor. Los siete sacerdotes que llevaban las trompetas tomaron la delantera y marcharon al frente del arca mientras tocaban sus trompetas. Los hombres armados marchaban al frente de ellos, y tras el arca del Señor marchaba la retaguardia. ¡Nunca dejaron de oírse las trompetas!

También en este segundo día marcharon una sola vez alrededor de Jericó, y luego regresaron al campamento. Así hicieron durante seis días.

El séptimo día, a la salida del sol, se levantaron y marcharon alrededor de la ciudad tal como lo habían hecho los días anteriores, sólo que en ese día repitieron la marcha siete veces.

A la séptima vuelta, los sacerdotes tocaron las trompetas, y Josué le ordenó al ejército: «¡Empiecen a gritar! ¡El Señor les ha entregado la ciudad!

Entonces los sacerdotes tocaron las trompetas, y la gente gritó a voz en cuello, ante lo cual las murallas de Jericó se derrumbaron. El pueblo avanzó, sin ceder ni un centímetro, y tomó la ciudad.

Así que los jóvenes exploradores entraron y sacaron a Rajab junto con sus padres y hermanos, y todas sus pertenencias, y llevaron a toda la familia a un lugar seguro, fuera del campamento israelita.

Sólo entonces los israelitas incendiaron la ciudad con todo lo que había en ella, menos los objetos de plata, de oro, de bronce y de hierro, los cuales depositaron en el tesoro de la casa del Señor.

El Señor estuvo con Josué, y éste se hizo famoso por todo el país.

Después que los israelitas atacaron Jericó, continuaron la batalla. Con la ayuda de Dios tomaron muchas ciudades en las que algún día llegarían a vivir. Josué y sus soldados se deshicieron de los reyes pecadores y del pueblo que vivía en Canaán. Josué también les entregó a las tribus de Israel la tierra y las ciudades que había capturado para que el pueblo tuviera un lugar donde vivir. ¡Finalmente los israelitas estaban viviendo en la tierra prometida!

Preguntas para la discusión

1. ¿Alguna vez has sentido como que todo el mundo quiere molestarte? ¿Qué puedes hacer cuando esto sucede?

2. ¿Cuándo fue la última vez que ayudaste a alguien? ¿De qué manera lo hiciste? ¿Crees que importa recibir algo a cambio cuando ayudas a otros?

3. Cuando le das gracias a Dios por todo lo que te ha dado, ¿qué dices o qué haces? (¿Cantas? ¿Das saltos alrededor? ¿Gritas de alegría?).

8

Unos pocos hombres buenos... y mujeres

El pueblo sirvió al Señor mientras vivieron Josué y los ancianos que le sobrevivieron, los cuales habían visto todas las grandes obras que el Señor había hecho por Israel.

Josué hijo de Nun, siervo del Señor, murió a la edad de ciento diez años.

También murió toda aquella generación, y surgió otra que no conocía al Señor ni sabía lo que él había hecho por Israel.

Esos israelitas hicieron lo que ofende al Señor y adoraron a los ídolos de Baal. Abandonaron al Señor, Dios de sus padres, que los había sacado de Egipto, y siguieron a otros dioses —dioses de los pueblos que los rodeaban—, y los adoraron, provocando así la ira del Señor. Abandonaron al Señor, y adoraron a Baal y a las imágenes de Astarté.

Dios envió enemigos para que castigaran a los israelitas. Cuando ellos clamaron por ayuda, Dios les dio un líder, a quien denominó «juez», para salvarlos y protegerlos del

51

enemigo. Israel tuvo muchos jueces, incluyendo a Aod, Dé-
bora, Gedeón y Sansón. Sansón era como un superhéroe per-
sonal de Israel, Dios lo había hecho realmente fuerte. Nadie
podía vencerlo, especialmente los filisteos. Los filisteos que-
rían saber cuál era la debilidad de Sansón, y lo averiguaron
cuando Sansón se involucró con una peligrosa mujer filistea.

[...] Sansón se enamoró de una mujer del valle de Sorec, que se llamaba Dalila.

Los jefes de los filisteos fueron a verla y le dijeron: «Sedúcelo, para que te revele el secreto de su tremenda fuerza y cómo podemos vencerlo, de modo que lo atemos y lo tengamos sometido. Cada uno de nosotros te dará mil cien monedas de plata.»

Dalila le dijo a Sansón: —Dime el secreto de tu tremenda fuerza, y cómo se te puede atar y dominar.

Sansón le respondió: —Si se me ata con siete cuerdas de arco que todavía no estén secas, me debilitaré y seré como cualquier otro hombre.

Los jefes de los filisteos le trajeron a ella siete cuerdas de arco que aún no se habían secado, y Dalila lo ató con ellas.

Estando unos hombres al acecho en el cuarto, ella le gritó:

—¡Sansón, los filisteos se lanzan sobre ti! Pero él rompió las cuerdas como quien rompe un pedazo de cuerda chamuscada. De modo que no se descubrió el secreto de su fuerza.

Dalila le dijo a Sansón: —¡Te burlaste de mí! ¡Me dijiste mentiras! Vamos, dime cómo se te puede atar.

—Si se me ata firmemente con sogas nuevas, sin usar —le dijo él—, me debilitaré y seré como cualquier otro hombre.

Mientras algunos filisteos estaban al acecho en el cuarto, Dalila tomó sogas nuevas y lo ató, y luego le gritó: —¡Sansón, los filisteos se lanzan sobre ti! Pero él rompió las sogas que ataban sus brazos, como quien rompe un hilo.

Entonces Dalila le dijo a Sansón: —¡Hasta ahora te has burlado de mí, y me has dicho mentiras! Dime cómo se te puede atar.

—Si entretejes las siete trenzas de mi cabello con la tela del telar, y aseguras ésta con la clavija —respondió él—, me debilitaré y seré como cualquier otro hombre.

Entonces, mientras él dormía, Dalila tomó las siete trenzas de Sansón, las entretejió con la tela y las aseguró con la clavija.

Una vez más ella le gritó: «¡Sansón, los filisteos se lanzan sobre ti!» Sansón despertó de su sueño y arrancó la clavija y el telar, junto con la tela.

Entonces ella le dijo: «¿Cómo puedes decir que me amas, si no confías en mí? Ya van tres veces que te burlas de mí, y aún no me has dicho el secreto de tu tremenda fuerza.»

Como todos los días lo presionaba con sus palabras, y lo acosaba hasta hacerlo sentirse harto de la vida, al fin se lo dijo todo. «Nunca ha pasado navaja sobre mi cabeza —le explicó—, porque soy nazareo, consagrado a Dios desde antes de nacer. Si se me afeitara la cabeza, perdería mi fuerza, y llegaría a ser tan débil como cualquier otro hombre.»

Cuando Dalila se dio cuenta de que esta vez le había confiado todo, mandó llamar a los jefes de los filisteos, y les dijo: «Vuelvan una vez más, que él me lo ha confiado todo.» Entonces los gobernantes de los filisteos regresaron a ella con la plata que le habían ofrecido.

Después de hacerlo dormir sobre sus rodillas, ella llamó a un hombre para que le cortara las siete trenzas de su cabello. Así comenzó a dominarlo. Y su fuerza lo abandonó.

Luego ella gritó: «¡Sansón, los filisteos se lanzan sobre ti!»

Sansón despertó de su sueño y pensó: «Me escaparé como las otras veces, y me los quitaré de encima.» Pero no sabía que el Señor lo había abandonado.

Entonces los filisteos lo capturaron, le arrancaron los ojos y lo llevaron a Gaza. Lo sujetaron con cadenas de bronce, y lo pusieron a moler en la cárcel. Pero en cuanto le cortaron el cabello, le comenzó a crecer de nuevo.

Los jefes de los filisteos se reunieron para festejar y ofrecerle un gran sacrificio a Dagón, su dios, diciendo: Nuestro dios ha entregado en nuestras manos a Sansón, nuestro enemigo.»

Cuando el pueblo lo vio, todos alabaron a su dios diciendo:

«Nuestro dios ha entregado en nuestras manos
a nuestro enemigo [...]

Cuando ya estaban muy alegres, gritaron: «¡Saquen a Sansón para que nos divierta!» Así que sacaron a Sansón de la cárcel, y él les sirvió de diversión.

Cuando lo pusieron de pie entre las columnas, Sansón le dijo al muchacho que lo llevaba de la mano: «Ponme donde pueda tocar las columnas que sostienen el templo, para que me pueda apoyar en ellas.»

Entonces Sansón oró al SEÑOR: «Oh soberano SEÑOR, acuérdate de mí. Oh Dios, te ruego que me fortalezcas sólo una vez más [...]»

Luego Sansón palpó las dos columnas centrales que sostenían el templo y se apoyó contra ellas [...]

Y gritó: «¡Muera yo junto con los filisteos!» Luego empujó con toda su fuerza, y el templo se vino abajo sobre los jefes y sobre

toda la gente que estaba allí. Fueron muchos más los que Sansón mató al morir, que los que había matado mientras vivía.

Sansón fue considerado un héroe por lo que hizo para el pueblo de Dios. A pesar de que no siempre vivió conforme a sus grandes dones, Dios lo usó para llevar a cabo su plan.

Preguntas para la discusión

1. Si pudieras tener un súper poder (como una fuerza sobrehumana o ser capaz de escalar las paredes externas de edificios de cien pisos), ¿cuál escogerías? ¿Por qué escogerías ese poder?

2. ¿Cómo te sientes cuando alguien les cuenta uno de tus secretos a otras personas?

3. ¿Cómo puedes ser un buen hermano, hermana o vecino?

9

La fe de una mujer extranjera

Después de la muerte de Sansón, los israelitas comenzaron de nuevo a pecar y adorar ídolos. Judá estaba sufriendo una hambruna, la tierra no producía ningún alimento, por lo que el pueblo estaba siempre muy hambriento. Una mujer llamada Noemí y su familia emigraron a la tierra de Moab donde sí habían alimentos. Sin embargo, cuando llegaron a Moab, el esposo de Noemí murió. Sus dos hijos se casaron con mujeres moabitas llamadas Orfa y Rut. Pero luego también murieron sus dos hijos y Noemí no pudo vivir más en Moab. En esa época, las viudas tenían que estar al cuidado de sus familiares varones. Todos los parientes de Noemí vivían en Israel.

Noemí regresó de la tierra de Moab con sus dos nueras, porque allí se enteró de que el Señor había acudido en ayuda de su pueblo al proveerle de alimento. Salió, pues, con sus dos nueras del lugar donde había vivido, y juntas emprendieron el camino que las llevaría hasta la tierra de Judá.

Entonces Noemí les dijo a sus dos nueras: —¡Miren, vuelva cada una a la casa de su madre! Que el Señor las trate a ustedes con el mismo amor y lealtad que ustedes han mostrado con los que murieron y conmigo. Que el Señor les conceda hallar seguridad en un nuevo hogar, al lado de un nuevo esposo.

Luego las besó. Pero ellas, deshechas en llanto, alzaron la voz y exclamaron: —¡No! Nosotras volveremos contigo a tu pueblo.

—¡Vuelvan a su casa, hijas mías! —insistió Noemí—. ¿Para qué se van a ir conmigo? ¿Acaso voy a tener más hijos que pudieran casarse con ustedes?

¡Vuelvan a su casa, hijas mías! ¡Váyanse! Yo soy demasiado vieja para volver a casarme. Aun si abrigara esa esperanza, y esta misma noche me casara y llegara a tener hijos, ¿los esperarían ustedes hasta que crecieran? ¿Y por ellos se quedarían sin casarse? ¡No, hijas mías! Mi amargura es mayor que la de ustedes; ¡la mano del Señor se ha levantado contra mí!

Una vez más alzaron la voz, deshechas en llanto. Luego Orfa se despidió de su suegra con un beso, pero Rut se aferró a ella.

—Mira —dijo Noemí—, tu cuñada se vuelve a su pueblo y a sus dioses. Vuélvete con ella.

Pero Rut respondió: —¡No insistas en que te abandone o en que me separe de ti!

»Porque iré adonde tú vayas,
    y viviré donde tú vivas.
Tu pueblo será mi pueblo,
    y tu Dios será mi Dios.
Moriré donde tú mueras,
    y allí seré sepultada.
¡Que me castigue el Señor con toda severidad
    si me separa de ti algo que no sea la muerte!

Al ver Noemí que Rut estaba tan decidida a acompañarla, no le insistió más.

Entonces las dos mujeres siguieron caminando hasta llegar a Belén [...]

Y sucedió que Rut la moabita le dijo a Noemí: —Permíteme ir

al campo a recoger las espigas que vaya dejando alguien a quien yo le caiga bien.

—Anda, hija mía —le respondió su suegra.

Rut salió y comenzó a recoger espigas en el campo, detrás de los segadores. Y dio la casualidad de que el campo donde estaba trabajando pertenecía a Booz […]

En eso llegó Booz desde Belén y saludó a los segadores: —¡Que el Señor esté con ustedes!

—¡Que el Señor lo bendiga! —respondieron ellos.

—¿De quién es esa joven? —preguntó Booz al capataz de sus segadores.

—Es una joven moabita que volvió de la tierra de Moab con Noemí —le contestó el capataz—. Ella me rogó que la dejara

recoger espigas de entre las gavillas, detrás de los segadores. No ha dejado de trabajar desde esta mañana que entró en el campo, hasta ahora que ha venido a descansar un rato en el cobertizo.

Entonces Booz le dijo a Rut: —Escucha, hija mía. No vayas a recoger espigas a otro campo, ni te alejes de aquí; quédate junto a mis criadas, fíjate bien en el campo donde se esté cosechando, y síguelas. Ya les ordené a los criados que no te molesten. Y cuando tengas sed, ve adonde están las vasijas y bebe del agua que los criados hayan sacado.

Rut se inclinó hacia la tierra, se postró sobre su rostro y exclamó: —¿Cómo es que le he caído tan bien a usted, hasta el punto de fijarse en mí, siendo sólo una extranjera?

—Ya me han contado —le respondió Booz— todo lo que has hecho por tu suegra desde que murió tu esposo; cómo dejaste padre y madre, y la tierra donde naciste, y viniste a vivir con un pueblo que antes no conocías.

¡Que el Señor te recompense por lo que has hecho! Que el Señor, Dios de Israel, bajo cuyas alas has venido a refugiarte, te lo pague con creces.

—¡Ojalá siga yo siendo de su agrado, mi señor! —contestó ella—. Usted me ha consolado y me ha hablado con cariño, aunque ni siquiera soy como una de sus servidoras.

A la hora de comer, Booz le dijo: —Ven acá. Sírvete pan y moja tu bocado en el vinagre. Cuando Rut se sentó con los segadores, Booz le ofreció grano tostado. Ella comió, quedó satisfecha, y hasta le sobró.

Después, cuando ella se levantó a recoger espigas, él dio estas órdenes a sus criados: —Aun cuando saque espigas de las gavillas mismas, no la hagan pasar vergüenza. Más bien, dejen caer algunas espigas de los manojos para que ella las recoja, ¡y no la reprendan!

Así que Rut recogió espigas en el campo hasta el atardecer. Luego desgranó la cebada que había recogido, la cual pesó más de veinte kilos. La cargó de vuelta al pueblo, y su suegra vio cuánto traía. Además, Rut le entregó a su suegra lo que le había quedado después de haber comido hasta quedar satisfecha.

Su suegra le preguntó: —¿Dónde recogiste espigas hoy? ¿Dónde trabajaste? ¡Bendito sea el hombre que se fijó en ti!

Entonces Rut le contó a su suegra acerca del hombre con

quien había estado trabajando. Le dijo: —El hombre con quien hoy trabajé se llama Booz.

—¡Que el Señor lo bendiga! —exclamó Noemí delante de su nuera—. El Señor no ha dejado de mostrar su fiel amor hacia los vivos y los muertos. Ese hombre es nuestro pariente cercano; es uno de los parientes que nos pueden redimir.

Rut la moabita añadió: —Incluso me dijo que me quede allí con sus criados hasta que terminen de recogerle toda la cosecha.

Hija mía, te conviene seguir con sus criadas —le dijo Noemí—, para que no se aprovechen de ti en otro campo.

Así que Rut se quedó junto con las criadas de Booz para recoger espigas hasta que terminó la cosecha de la cebada y del trigo. Mientras tanto, vivía con su suegra.

Booz continuó siendo amable con Rut. Debido a que él era un pariente cercano, se hizo cargo de ella y Noemí. Luego él hizo arreglos para casarse con Rut.

Así que Booz tomó a Rut y se casó con ella. [Entonces] el Señor le concedió quedar embarazada, de modo que tuvo un hijo.

Las mujeres le decían a Noemí: «¡Alabado sea el Señor, que no te ha dejado hoy sin un redentor! ¡Que llegue a tener renombre en Israel! Este niño renovará tu vida y te sustentará en la vejez, porque lo ha dado a luz tu nuera, que te ama y es para ti mejor que siete hijos.»

Noemí tomó al niño, lo puso en su regazo y se encargó de criarlo. Las vecinas decían: «¡Noemí ha tenido un hijo!» Y lo llamaron Obed. Éste fue el padre de Isaí, padre de David.

Preguntas para la discusión

1. ¿Compartes cosas con tus amigos? ¿Qué tipos de cosas compartes? ¿Cuándo fue la última vez que compartiste algo?

2. ¿Tienes un amigo en quien puedes confiar cuando tienes problemas? ¿Qué hace que esa persona sea

digna de confianza? ¿Puede ese amigo confiar en ti también?

3. ¿Alguna vez has abandonado algo para ayudar a un amigo? ¿Qué sucedió?

10

Mensajes de Dios

El esposo de Ana la amaba mucho. Sin embargo, ella siempre estaba triste porque no podía tener un bebé. Así que Ana fue a la casa de Dios a orar y a pedirle que le diera un bebé.

Con gran angustia Ana comenzó a orar al SEÑOR y a llorar desconsoladamente. Entonces hizo este voto: «SEÑOR Todopoderoso, si te dignas mirar la desdicha de esta sierva tuya y, si en vez de olvidarme, te acuerdas de mí y me concedes un hijo varón, yo te lo entregaré para toda su vida, y nunca se le cortará el cabello.»
Como Ana estuvo orando largo rato ante el SEÑOR, Elí se fijó en su boca. Sus labios se movían pero, debido a que Ana oraba en voz baja, no se podía oír su voz [...]

La persona a cargo del cuidado de la casa de Dios se llamaba Elí. Cuando él vio a Ana orando, no sabía lo que estaba haciendo y se molestó con ella porque pensó que se encontraba borracha. Ana tuvo que explicarle su propósito.

—No, mi señor [...] soy sólo una mujer angustiada que ha venido a desahogarse delante del Señor. No me tome usted por una mala mujer. He pasado este tiempo orando debido a mi angustia y aflicción.

—Vete en paz —respondió Elí—. Que el Dios de Israel te conceda lo que le has pedido.

—Gracias. Ojalá favorezca usted siempre a esta sierva suya. Con esto, Ana se despidió y se fue a comer. Desde ese momento, su semblante cambió.

Ana concibió y, pasado un año, dio a luz un hijo y le puso por nombre Samuel, pues dijo: «Al Señor se lo pedí.»

Ana estaba muy, muy feliz cuando Samuel nació. Ella lo amaba mucho y lo cuidó en su casa hasta que dejó de ser un bebé. Sin embargo, Ana sabía que Samuel no podía vivir con ella para siempre, después de todo, le había prometido a Dios que Samuel le serviría a él toda su vida.

Luego presentó el niño a Elí. Dijo Ana: «Mi señor, tan cierto como que usted vive, le juro que yo soy la mujer que estuvo aquí a su lado orando al Señor. Éste es el niño que yo le pedí al Señor, y él me lo concedió. Ahora yo, por mi parte, se lo entrego al Señor. Mientras el niño viva, estará dedicado a él.» Entonces Elí se postró allí ante el Señor.

Ana elevó esta oración:

«Mi corazón se alegra en el Señor;
    en él radica mi poder.
Puedo celebrar su salvación
    y burlarme de mis enemigos.

»Nadie es santo como el Señor;
    no hay roca como nuestro Dios.
¡No hay nadie como él!

El Señor bendijo a Ana, de manera que ella concibió y dio a luz tres hijos y dos hijas. Durante ese tiempo, Samuel crecía en la presencia del Señor.

Samuel, que todavía era joven, servía al Señor bajo el cuidado de Elí. En esos tiempos no era común oír palabra del Señor, ni eran frecuentes las visiones.

Elí ya se estaba quedando ciego. Un día, mientras él descansaba en su habitación, Samuel dormía en el santuario, donde se encontraba el arca de Dios. La lámpara de Dios todavía estaba encendida.

El Señor llamó a Samuel, y éste respondió: —Aquí estoy.

Y en seguida fue corriendo a donde estaba Elí, y le dijo: —Aquí estoy; ¿para qué me llamó usted?

—Yo no te he llamado —respondió Elí—. Vuelve a acostarte. Y Samuel volvió a su cama.

Pero una vez más el Señor lo llamó: —¡Samuel! Él se levantó, fue a donde estaba Elí y le dijo: —Aquí estoy; ¿para qué me llamó usted?

—Hijo mío —respondió Elí—, yo no te he llamado. Vuelve a acostarte.

Samuel todavía no conocía al Señor, ni su palabra se le había revelado.

Por tercera vez llamó el Señor a Samuel. Él se levantó y fue a donde estaba Elí. —Aquí estoy —le dijo—; ¿para qué me llamó usted?

Entonces Elí se dio cuenta de que el Señor estaba llamando al muchacho. —Ve y acuéstate —le dijo Elí—. Si alguien vuelve a llamarte, dile: "Habla, Señor, que tu siervo escucha." Así que Samuel se fue y se acostó en su cama.

Entonces el Señor se le acercó y lo llamó de nuevo: —¡Samuel! ¡Samuel!

—Habla, que tu siervo escucha —respondió Samuel.

Dios sabía que los israelitas necesitaban a alguien que los guiara, así que eligió a Samuel para la tarea. Conforme Samuel crecía mantenía constante su conversación con Dios. Samuel les contaba a los israelitas lo que Dios decía y el pueblo lo escuchaba. Él fue un hombre muy bueno que siempre hizo lo que Dios quería.

Cuando Samuel entró en años, puso a sus hijos como gobernadores de Israel.

Pero ninguno de los dos siguió el ejemplo de su padre, sino que ambos se dejaron guiar por la avaricia, aceptando sobornos y pervirtiendo la justicia.

Por eso se reunieron los ancianos de Israel y fueron a Ramá para hablar con Samuel.

Le dijeron: «Tú has envejecido ya, y tus hijos no siguen tu ejemplo. Mejor danos un rey que nos gobierne, como lo tienen todas las naciones.»

Cuando le dijeron que querían tener un rey, Samuel se disgustó. Entonces se puso a orar al Señor, pero el Señor le dijo: «Considera seriamente todo lo que el pueblo te diga. En realidad, no te han rechazado a ti, sino a mí, pues no quieren que yo reine sobre ellos. Te están tratando del mismo modo que me han tratado a mí desde el día en que los saqué de Egipto hasta hoy. Me han abandonado para servir a otros dioses.

Así que hazles caso, pero adviérteles claramente del poder que el rey va a ejercer sobre ellos.»

Samuel comunicó entonces el mensaje del SEÑOR a la gente que le estaba pidiendo un rey. Les explicó: —Esto es lo que hará el rey que va a ejercer el poder sobre ustedes: Les quitará a sus hijos para que se hagan cargo de los carros militares y de la caballería, y para que le abran paso al carro real. Los hará comandantes y capitanes, y los pondrá a labrar y a cosechar, y a fabricar armamentos y pertrechos.

También les quitará a sus hijas para emplearlas como perfumistas, cocineras y panaderas.

Se apoderará de sus mejores campos, viñedos y olivares, y se los dará a sus ministros,

y a ustedes les exigirá una décima parte de sus cosechas y vendimias para entregársela a sus funcionarios y ministros. Además, les quitará sus criados y criadas, y sus mejores bueyes y asnos, de manera que trabajen para él.

Les exigirá una décima parte de sus rebaños, y ustedes mismos le servirán como esclavos.

Cuando llegue aquel día, clamarán por causa del rey que hayan escogido, pero el SEÑOR no les responderá.

El pueblo, sin embargo, no le hizo caso a Samuel, sino que protestó: —¡De ninguna manera! Queremos un rey que nos gobierne. Así seremos como las otras naciones, con un rey que nos gobierne y que marche al frente de nosotros cuando vayamos a la guerra.

Después de oír lo que el pueblo quería, Samuel se lo comunicó al SEÑOR. —Hazles caso —respondió el SEÑOR—; dales un rey [...]

Se suponía que Dios iba a ser el rey de Israel, sin embargo, los israelitas querían un rey humano como los demás países a su alrededor. Dios sabía que un rey haría muy difícil la vida de su pueblo, no obstante, le dijo a Samuel que le permitiría a Israel tener un rey humano. Dios escogió a un hombre llamado Saúl para ser el primer rey. Un día, Saúl vino a Samuel a pedirle que le ayudara a encontrar unas burras que se habían perdido. Mientras Samuel estaba con Saúl, lo ungió como rey.

Un día antes de que Saúl llegara, el Señor le había hecho esta revelación a Samuel: «Mañana, a esta hora, te voy a enviar un hombre de la tierra de Benjamín. Lo ungirás como gobernante de mi pueblo Israel, para que lo libre del poder de los filisteos. Me he compadecido de mi pueblo, pues sus gritos de angustia han llegado hasta mí.»

Cuando Samuel vio a Saúl, el Señor le dijo: «Ahí tienes al hombre de quien te hablé; él gobernará a mi pueblo.»

Al llegar a la puerta de la ciudad, Saúl se acercó a Samuel y le preguntó: —¿Podría usted indicarme dónde está la casa del vidente?

—Yo soy el vidente —respondió Samuel—. Acompáñame al santuario del cerro, que hoy comerán ustedes conmigo. Ya mañana, cuando te deje partir, responderé a todas tus inquietudes. En cuanto a las burras que se te perdieron hace tres días, ni te preocupes, que ya las encontraron. Y agregó: —Lo que Israel más desea, ¿no tiene que ver contigo y con toda la familia de tu padre?

—¿Por qué me dices eso? —respondió Saúl—. ¿No soy yo de la tribu de Benjamín, que es la más pequeña de Israel? ¿Y no es mi familia la más insignificante de la tribu de Benjamín?

Entonces Samuel tomó un frasco de aceite y lo derramó sobre la cabeza de Saúl. Luego lo besó y le dijo: —¡Es el Señor quien te ha ungido para que gobiernes a su pueblo! Hoy mismo, cuando te alejes de mí […] verás a dos hombres. Ellos te dirán: "Ya encontramos las burras que andabas buscando. Pero tu padre ya no piensa en las burras, sino que ahora está preocupado por ustedes y se pregunta: '¿Qué puedo hacer para encontrar a mi hijo?' "

»De ahí llegarás a Guibeá de Dios, donde hay una guarnición filistea. Al entrar en la ciudad te encontrarás con un grupo de profetas que bajan del santuario en el cerro. Vendrán profetizando, precedidos por músicos que tocan liras, panderetas, flautas y arpas. Entonces el Espíritu del Señor vendrá sobre ti con poder, y tú profetizarás con ellos y serás una nueva persona.

Cuando se cumplan estas señales que has recibido, podrás hacer todo lo que esté a tu alcance, pues Dios estará contigo.

Cuando Saúl se dio vuelta para alejarse de Samuel, Dios le cambió el corazón, y ese mismo día se cumplieron todas esas señales.

Al principio, Saúl fue un buen rey. El Espíritu que Dios envió sobre Saúl lo hizo valiente, inteligente y un buen líder. Sin embargo, al poco tiempo Saúl comenzó a hacer las cosas que Dios le había dicho que no hiciera. Dios ya no quería que Saúl continuara siendo rey. Él retiró al Espíritu que había hecho a Saúl un buen rey y le dijo a Samuel que buscara un nuevo rey, uno que amara a Dios más que ninguna otra cosa y que siempre tratara de hacer la voluntad de Dios.

Preguntas para la discusión

1. ¿Alguna vez quisiste algo tanto que terminaste molestándote cuando no lo conseguiste? ¿Qué era aquello que querías y no conseguiste? ¿Cómo resolviste tu problema?

2. ¿Qué puedes hacer para servir a Dios? Describe tres maneras de hacerlo.

11

De pastor a rey

Dios sabía a quién quería como nuevo rey de Israel, por lo que envió a Samuel a Belén para que de manera secreta ungiera al nuevo rey. Cuando Samuel llegó allí, no podía creer a quién Dios había escogido: ¡a un hombre que no era ni fuerte, ni alto, sino a un pastor llamado David!

Aunque David era el rey que Dios quería, solamente lo sabían Samuel, David y su familia. Dios quería esperar el momento adecuado para hacer a David rey oficial de Israel. Saúl todavía era rey, y él junto a los israelitas se hallaban peleando contra los filisteos.

Los filisteos reunieron sus ejércitos para la guerra [...] Saúl y los israelitas se reunieron también y, acampando en el valle de Elá, ordenaron sus filas para la batalla contra los filisteos.

Con el valle de por medio, los filisteos y los israelitas tomaron posiciones en montes opuestos.

Un famoso guerrero, oriundo de Gat, salió del campamento filisteo. Su nombre era Goliat, y tenía una estatura de casi tres metros.

Llevaba en la cabeza un casco de bronce, y su coraza, que pesaba cincuenta y cinco kilos, también era de bronce, como lo eran las polainas que le protegían las piernas y la jabalina que llevaba al hombro.

El asta de su lanza se parecía al rodillo de un telar, y tenía una punta de hierro que pesaba casi siete kilos. Delante de él marchaba un escudero.

Goliat se detuvo ante los soldados israelitas, y los desafió: «¿Para qué están ordenando sus filas para la batalla? ¿No soy yo un filisteo? ¿Y no están ustedes al servicio de Saúl? ¿Por qué no escogen a alguien que se me enfrente?

Durante cuarenta días Goliat desafiaba a cualquiera del ejército israelita a luchar contra él. Y cada vez que Saúl y su ejército miraban a Goliat y su gran lanza, comenzaban a temblar. Los hermanos de David estaban en el ejército de Saúl, y su padre Isaí quería enviarles algunos suministros.

David cumplió con las instrucciones de Isaí. Se levantó muy de mañana y, después de encargarle el rebaño a un pastor, tomó las provisiones y se puso en camino. Llegó al campamento en el momento en que los soldados, lanzando gritos de guerra, salían a tomar sus posiciones.

Los israelitas y los filisteos se alinearon frente a frente.

David, por su parte, dejó su carga al cuidado del encargado de las provisiones, y corrió a las filas para saludar a sus hermanos.

Mientras conversaban, Goliat, el gran guerrero filisteo de Gat, salió de entre las filas para repetir su desafío, y David lo oyó.

Cuando los israelitas vieron a Goliat, huyeron despavoridos.

David les preguntó a los hombres: ¿Quién se cree que es este filisteo pagano? ¡Nosotros tenemos a Dios de nuestro lado! David tenía fe de que Dios velaría por él.

Eliab, el hermano mayor de David, lo oyó hablar con los hombres y se puso furioso con él. Le reclamó: —¿Qué has venido a hacer aquí? ¿Con quién has dejado esas pocas ovejas en el desierto? Yo te conozco. Eres un atrevido y mal intencionado. ¡Seguro que has venido para ver la batalla!

—¿Y ahora qué hice? —protestó David—. ¡Si apenas he abierto la boca!

Apartándose de su hermano, les preguntó a otros, quienes le dijeron lo mismo.

Algunos que oyeron lo que había dicho David, se lo contaron a Saúl, y éste mandó a llamarlo.

Entonces David le dijo a Saúl: —¡Nadie tiene por qué desanimarse a causa de este filisteo! Yo mismo iré a pelear contra él.

—¡Cómo vas a pelear tú solo contra este filisteo! —replicó Saúl—. No eres más que un muchacho, mientras que él ha sido un guerrero toda la vida.

David le respondió: —A mí me toca cuidar el rebaño de mi padre. Cuando un león o un oso viene y se lleva una oveja del rebaño, yo lo persigo y lo golpeo hasta que suelta la presa. Y si el animal me ataca, lo sigo golpeando hasta matarlo.

El Señor, que me libró de las garras del león y del oso, también me librará del poder de ese filisteo. —Anda, pues —dijo Saúl—, y que el Señor te acompañe.

David tomó su bastón, fue al río a escoger cinco piedras lisas, y las metió en su bolsa de pastor. Luego, honda en mano, se acercó al filisteo.

Éste, por su parte, también avanzaba hacia David detrás de su escudero.

Le echó una mirada a David y, al darse cuenta de que era apenas un muchacho, trigueño y buen mozo, con desprecio le dijo: —¿Soy acaso un perro para que vengas a atacarme con palos?

Y maldiciendo a David en nombre de sus dioses, añadió: —¡Ven acá, que les voy a echar tu carne a las aves del cielo y a las fieras del campo!

David le contestó: —Tú vienes contra mí con espada, lanza y jabalina, pero yo vengo a ti en el nombre del SeñorTodopoderoso, el Dios de los ejércitos de Israel, a los que has desafiado.

Hoy mismo el Señor te entregará en mis manos […] y todo el mundo sabrá que hay un Dios en Israel.

Todos los que están aquí reconocerán que el Señor salva sin necesidad de espada ni de lanza. La batalla es del Señor, y él los entregará a ustedes en nuestras manos. En cuanto el filisteo avanzó para acercarse a David y enfrentarse con él, también éste corrió rápidamente hacia la línea de batalla para hacerle frente.

Metiendo la mano en su bolsa sacó una piedra, y con la honda se la lanzó al filisteo, hiriéndolo en la frente. Con la piedra incrustada entre ceja y ceja, el filisteo cayó de bruces al suelo.

David venció a Goliat con la ayuda de Dios, y los filisteos huyeron. David se convirtió en un héroe. Muy pronto se escribieron canciones que decían que David era mucho mejor

*que Saúl. Saúl se enfureció porque David estaba recibiendo
demasiada atención y temía que el pueblo lo quisiera reem-
plazar como rey. Fue así como Saúl decidió matar a David.
Después de esquivar algunas lanzas y descubrir los planes
de Saúl, David se escondió y oró a Dios por protección.
Este es un salmo (o canción) que escribió David mientras
estuvo escondido de Saúl:*

Líbrame de mis enemigos, oh Dios;
    protégeme de los que me atacan.

Líbrame de los malhechores;
    sálvame de los asesinos.

¡Mira cómo me acechan!
    Hombres crueles conspiran contra mí
    sin que yo, SEÑOR, haya delinquido ni pecado.

Presurosos se disponen a atacarme
    sin que yo haya cometido mal alguno.
¡Levántate y ven en mi ayuda!
    ¡Mira mi condición!

Tú, SEÑOR, eres el Dios Todopoderoso,
    ¡eres el Dios de Israel!
¡Despiértate y castiga a todas las naciones;
    no tengas compasión de esos viles traidores!

A ti, fortaleza mía, vuelvo los ojos,
    pues tú, oh Dios, eres mi protector.

Tú eres el Dios que me ama,
    e irás delante de mí
    para hacerme ver la derrota de mis enemigos.

Pero yo le cantaré a tu poder,
    y por la mañana alabaré tu amor;
porque tú eres mi protector,
    mi refugio en momentos de angustia.

A ti, fortaleza mía, te cantaré salmos,
    pues tú, oh Dios, eres mi protector.
    ¡Tú eres el Dios que me ama!

David realmente amaba a Dios y confiaba en él para todo, sabía que Dios lo cuidaría mientras se escondía de Saúl. No importaba adónde fuera David o qué problemas enfrentara, Dios lo estaba cuidando. Cuando Saúl murió, Dios hizo a David rey de Israel y prometió que siempre uno de sus descendientes sería rey. Debido a que David fue tan buen gobernante, Dios lo bendijo a él y a todo su reino.

Preguntas para la discusión

1. ¿Te llevas bien con tus hermanos la mayor parte del tiempo? (Si no tienes hermanos, ¿te llevas bien con tus amigos?) ¿Puedes nombrar dos maneras de llevarte mejor con ellos?

2. ¿Alguna vez has tenido que enfrentar a un matón o un gran problema? ¿Qué hiciste? ¿Le pediste ayuda a alguien?

3. David alababa a Dios escribiendo salmos. ¿Cómo puedes tú alabar a Dios?

12

Un buen rey toma una mala decisión

David trataba de hacer la voluntad de Dios, pero, cometió una terrible equivocación cuando puso su mirada en una mujer llamada Betsabé. Ella estaba casada, sin embargo, David la quería como esposa. Así que hizo que el esposo de ella fuera a la guerra, donde murió. Entonces David se casó con Betsabé.

Dios le dijo a David que lo que había hecho estaba muy mal y debía ser castigado por su pecado. David escribió una canción, llamada salmo, para ayudarse a sí mismo a enfrentar el castigo de Dios y pedir perdón por lo que había hecho.

Ten compasión de mí, oh Dios,
    conforme a tu gran amor;
conforme a tu inmensa bondad,
    borra mis transgresiones.

Lávame de toda mi maldad
  y límpiame de mi pecado.

Yo reconozco mis transgresiones;
  siempre tengo presente mi pecado.
Contra ti he pecado, sólo contra ti,
  y he hecho lo que es malo ante tus ojos;
por eso, tu sentencia es justa,
  y tu juicio, irreprochable.
Yo sé que soy malo de nacimiento;
  pecador me concibió mi madre.
Yo sé que tú amas la verdad en lo íntimo;
  en lo secreto me has enseñado sabiduría.

Purifícame con hisopo, y quedaré limpio;
  lávame, y quedaré más blanco que la nieve.
Anúnciame gozo y alegría;
  infunde gozo en estos huesos que has quebrantado.
Aparta tu rostro de mis pecados
  y borra toda mi maldad.

Crea en mí, oh Dios, un corazón limpio,
  y renueva la firmeza de mi espíritu.
No me alejes de tu presencia
  ni me quites tu santo Espíritu.
Devuélveme la alegría de tu salvación;
  que un espíritu obediente me sostenga.

Muchas son las calamidades de los malvados,
  pero el gran amor del Señor
  envuelve a los que en él confían.

¡Alégrense, ustedes los justos;
  regocíjense en el Señor!
¡canten todos ustedes,
  los rectos de corazón!

Dios perdonó a David, y David fue obediente a Dios de nuevo. Betsabé tuvo un hijo a quien llamaron Salomón. Esta fue una época muy feliz en el palacio de David, sin embargo, los tiempos felices no duran para siempre.

Absalón, uno de los hijos de David, decidió que él debería ser rey en lugar de David. Así que fue a la batalla contra su padre para hacerse cargo del reino. No obstante, en una de las batallas, Absalón murió y David se entristeció mucho.

Aun en medio de todas sus dificultades, David amaba y adoraba a Dios y quería hacer algo especial para él: construirle un hermoso templo.

El rey David le dijo a toda la asamblea: «Dios ha escogido a mi hijo Salomón, pero para una obra de esta magnitud todavía le falta experiencia. El palacio no es para un hombre sino para Dios el Señor.

Con mucho esfuerzo he hecho los preparativos para el templo de Dios. He conseguido oro para los objetos de oro, plata

para los de plata, bronce para los de bronce, hierro para los de hierro, madera para los de madera, y piedras de ónice, piedras de engaste, piedras talladas de diversos colores, piedras preciosas de toda clase, y mármol en abundancia.

Además, aparte de lo que ya he conseguido, por amor al templo de mi Dios entrego para su templo todo el oro y la plata que poseo [...] ¿Quién de ustedes quiere hoy dar una ofrenda al Señor?»

Entonces los jefes de familia, los jefes de las tribus de Israel, los jefes de mil y de cien soldados, y los encargados de las obras del rey hicieron sus ofrendas voluntarias.

El pueblo estaba muy contento de poder dar voluntariamente sus ofrendas al Señor, y también el rey David se sentía muy feliz.

Entonces David bendijo así al Señor en presencia de toda la asamblea:

«¡Bendito seas, Señor,
   Dios de nuestro padre Israel,
   desde siempre y para siempre!

Tuyos son, Señor,
   la grandeza y el poder,
   la gloria, la victoria y la majestad.
Tuyo es todo cuanto hay
   en el cielo y en la tierra.
Tuyo también es el reino,
   y tú estás por encima de todo.

De ti proceden la riqueza y el honor;
   tú lo gobiernas todo.
En tus manos están la fuerza y el poder,
   y eres tú quien engrandece y fortalece a todos.

Por eso, Dios nuestro, te damos gracias,
   y a tu glorioso nombre tributamos alabanzas.

Yo sé, mi Dios, que tú pruebas los corazones y amas la rectitud. Por eso, con rectitud de corazón te he ofrecido voluntariamente todas estas cosas, y he visto con júbilo que tu pueblo, aquí presente, te ha traído sus ofrendas.

Señor, Dios de nuestros antepasados Abraham, Isaac e Israel, conserva por siempre estos pensamientos en el corazón de tu pueblo, y dirige su corazón hacia ti. Dale también a mi hijo Salomón un corazón íntegro, para que obedezca y ponga en práctica tus mandamientos, preceptos y leyes. Permítele construir el templo para el cual he hecho esta provisión.»

Luego David animó a toda la asamblea: «¡Alaben al Señor su Dios!» Entonces toda la asamblea alabó al Señor, Dios de sus antepasados, y se inclinó ante el Señor y ante el rey.

David era un hombre increíble. Fue un guerrero que ganó muchas batallas, fue uno de los mejores reyes que alguna vez tuvo Israel, diseñó el templo y fue un músico excelente. En la Biblia hay setenta y tres salmos de David, el más famoso es el Salmo 23, que dice así:

El Señor es mi pastor, nada me falta;
    en verdes pastos me hace descansar.

Junto a tranquilas aguas me conduce;
    me infunde nuevas fuerzas.

Me guía por sendas de justicia
    por amor a su nombre.

Aun si voy por valles tenebrosos,
    no temo peligro alguno
    porque tú estás a mi lado;
tu vara de pastor me reconforta.

Dispones ante mí un banquete
    en presencia de mis enemigos.
Has ungido con perfume mi cabeza;
    has llenado mi copa a rebosar.

La bondad y el amor me seguirán
    todos los días de mi vida;

y en la casa del Señor
   habitaré para siempre.

Preguntas para la discusión

1. David tocaba un arpa. ¿Tocas tú un instrumento musical o cantas? Si tu respuesta es no, ¿cuáles son los talentos que te ha dado Dios? ¿Qué piensas que le gustaría a Dios que hicieras con estos talentos?

2. ¿Alguna vez le has pedido perdón a Dios? ¿Crees que él te perdonó? ¿Por qué lo crees?

13

El rey que lo tenía todo

David fue rey durante cuarenta años e hizo un excelente trabajo dirigiendo a Israel. Él estaba ya muy anciano y era el momento de entregarle el reino a su hijo, Salomón. Antes de morir, David le dio a Salomón los planos para el templo e instrucciones de que siempre obedeciera a Dios.

Salomón fue un rey muy diferente a David. El pueblo vivía en paz con todas las naciones a su alrededor. No hubo más guerras. Salomón engrandeció su reino utilizando la sabiduría que Dios le había dado.

Salomón entró en alianza con el faraón, rey de Egipto, casándose con su hija, a la cual llevó a la Ciudad de David mientras terminaba de construir su palacio, el templo del Señor y el muro alrededor de Jerusalén.

Como aún no se había construido un templo en honor del Señor, el pueblo seguía ofreciendo sacrificios en los santuarios paganos.

Salomón amaba al Señor y cumplía los decretos de su padre

David. Sin embargo, también iba a los santuarios paganos para ofrecer sacrificios y quemar incienso.

Como en Gabaón estaba el santuario pagano más importante, Salomón acostumbraba ir allá para ofrecer sacrificios. Allí ofreció mil holocaustos; y allí mismo se le apareció el Señor en un sueño, y le dijo: —Pídeme lo que quieras.

Salomón respondió: —Tú trataste con mucho amor a tu siervo David, mi padre, pues se condujo delante de ti con lealtad y justicia, y con un corazón recto. Y, como hoy se puede ver, has reafirmado tu gran amor al concederle que un hijo suyo lo suceda en el trono.

»Ahora, Señor mi Dios, me has hecho rey en lugar de mi padre David. No soy más que un muchacho, y apenas sé cómo comportarme. Sin embargo, aquí me tienes, un siervo tuyo en medio del pueblo que has escogido, un pueblo tan numeroso que es imposible contarlo. Yo te ruego que le des a tu siervo discernimiento para gobernar a tu pueblo y para distinguir entre el bien y el mal. De lo contrario, ¿quién podrá gobernar a este gran pueblo tuyo?

Al Señor le agradó que Salomón hubiera hecho esa petición, de modo que le dijo: —Como has pedido esto, y no larga vida ni riquezas para ti, ni has pedido la muerte de tus enemigos sino discernimiento para administrar justicia, voy a concederte lo que has pedido. Te daré un corazón sabio y prudente, como nadie antes de ti lo ha tenido ni lo tendrá después.

Además, aunque no me lo has pedido, te daré tantas riquezas y esplendor que en toda tu vida ningún rey podrá compararse contigo. Si andas por mis sendas y obedeces mis decretos y mandamientos, como lo hizo tu padre David, te daré una larga vida.

Cuando Salomón despertó y se dio cuenta del sueño que había tenido, regresó a Jerusalén. Se presentó ante el arca del pacto del Señor y ofreció holocaustos y sacrificios de comunión. Luego ofreció un banquete para toda su corte.

Dios le dio a Salomón sabiduría e inteligencia extraordinarias; sus conocimientos eran tan vastos como la arena que está a la orilla del mar.

Sobrepasó en sabiduría a todos los sabios del Oriente y de Egipto.

El rey que lo tenía todo

Salomón constantemente estaba pensando en cosas sabias que el pueblo necesitaba saber. Muchos de sus sabios dichos están incluidos en el libro de la Biblia llamado Proverbios. Esto es algo de lo que él escribió:

Proverbios de Salomón hijo de David, rey de Israel:
para adquirir sabiduría y disciplina;
    para discernir palabras de inteligencia;
para recibir la corrección que dan la prudencia,
    la rectitud, la justicia y la equidad;
para infundir sagacidad en los inexpertos,
    conocimiento y discreción en los jóvenes.

El temor del Señor es el principio del conocimiento;
    los necios desprecian la sabiduría y la disciplina.

Hijo mío, no te olvides de mis enseñanzas;
    más bien, guarda en tu corazón mis mandamientos.
Porque prolongarán tu vida muchos años
    y te traerán prosperidad.

Que nunca te abandonen el amor y la verdad:
    llévalos siempre alrededor de tu cuello
    y escríbelos en el libro de tu corazón.
Contarás con el favor de Dios
    y tendrás buena fama entre la gente.

Confía en el Señor de todo corazón,
    y no en tu propia inteligencia.
Reconócelo en todos tus caminos,
    y él allanará tus sendas.

No seas sabio en tu propia opinión;
    más bien, teme al Señor y huye del mal.
Esto infundirá salud a tu cuerpo
    y fortalecerá tu ser.

Honra al Señor con tus riquezas
    y con los primeros frutos de tus cosechas.

Porque el SEÑOR disciplina a los que ama,
  como corrige un padre a su hijo querido.

Oro hay, y abundan las piedras preciosas,
  pero aun más valiosos son los labios
    del saber.

Tal vez sea agradable ganarse el pan
  con engaños,
    pero uno acaba con la boca llena de arena.

El que refrena su boca y su lengua
  se libra de muchas angustias.
De nada sirven ante el SEÑOR
  la sabiduría, la inteligencia y el consejo.

Se alista al caballo para el día de la batalla,
  pero la victoria depende del SEÑOR.

Al rey Salomón se le encomendó la construcción del templo de Dios. Durante siete años, miles de hombres cortaron cedros, derritieron oro y esculpieron el mobiliario para completar el templo. Era un lugar enorme e impresionante donde Dios podía ser adorado.

Luego de terminado el templo, Salomón les pidió a los líderes de Israel que vinieran y trajeran el arca del pacto. Una vez que el arca estuvo en su lugar, Dios entró al templo y con ello hizo que aquel sitio fuera el lugar oficial para su adoración.

A continuación, Salomón se puso delante del altar del SEÑOR y, en presencia de toda la asamblea de Israel, extendió las manos hacia el cielo y dijo:

«SEÑOR, Dios de Israel, no hay Dios como tú arriba en el cielo ni abajo en la tierra, pues tú cumples tu pacto de amor con quienes te sirven y te siguen de todo corazón. Has llevado a cabo lo que le dijiste a tu siervo David, mi padre; y este día has cumplido con tu mano lo que con tu boca le prometiste.

»Pero ¿será posible, Dios mío, que tú habites en la tierra? Si los cielos, por altos que sean, no pueden contenerte, ¡mucho menos este templo que he construido!

Sin embargo, SEÑOR mi Dios, atiende a la oración y a la súplica de este siervo tuyo. Oye el clamor y la oración que hoy elevo en tu presencia. ¡Que tus ojos estén abiertos día y noche sobre este templo, el lugar donde decidiste habitar, para que oigas la oración que tu siervo te eleva aquí!

Oye la súplica de tu siervo y de tu pueblo Israel cuando oren en este lugar. Oye desde el cielo, donde habitas; ¡escucha y perdona!

»Ahora, Dios mío, te ruego que tus ojos se mantengan abiertos, y atentos tus oídos a las oraciones que se eleven en este lugar.

»Levántate, SEÑOR y Dios;
    ven a descansar,
    tú y tu arca poderosa.
SEÑOR y Dios,
    ¡que tus sacerdotes se revistan de salvación!
    ¡Que tus fieles se regocijen en tu bondad!

SEÑOR y Dios,
    no le des la espalda a tu ungido.
    ¡Recuerda tu fiel amor hacia David, tu siervo!»

Cuando Salomón terminó de orar, descendió fuego del cielo y consumió el holocausto y los sacrificios, y la gloria del SEÑOR llenó el templo. Tan lleno de su gloria estaba el templo, que los sacerdotes no podían entrar en él.

Al ver los israelitas que el fuego descendía y que la gloria del SEÑOR se posaba sobre el templo, cayeron de rodillas y, postrándose rostro en tierra, alabaron al SEÑOR diciendo:

«El SEÑOR es bueno; su gran amor perdura para siempre.»

Salomón construyó otras cosas además del templo: embarcaciones, palacios, grandes establos y hasta una gran ciudad. También hizo mucho dinero mediante el comercio de productos y dio a conocer su sabiduría, era el rey más rico y famoso en todo el mundo. Gente de todos los alrededores venían a Jerusalén a conocerlo.

La reina de Sabá se enteró de la fama de Salomón, con la cual él honraba al Señor, así que fue a verlo para ponerlo a prueba con preguntas difíciles.

Llegó a Jerusalén con un séquito muy grande. Sus camellos llevaban perfumes y grandes cantidades de oro y piedras preciosas. Al presentarse ante Salomón, le preguntó todo lo que tenía pensado, y él respondió a todas sus preguntas.

No hubo ningún asunto, por difícil que fuera, que el rey no pudiera resolver.

La reina de Sabá se quedó atónita al ver la sabiduría de Salomón y el palacio que él había construido […]

Entonces le dijo al rey: «¡Todo lo que escuché en mi país acerca de tus triunfos y de tu sabiduría es cierto! No podía creer nada de eso hasta que vine y lo vi con mis propios ojos. Pero en realidad, ¡no me habían contado ni siquiera la mitad! Tanto en sabiduría como en riqueza, superas todo lo que había oído decir.

¡Dichosos tus súbditos! ¡Dichosos estos servidores tuyos, que constantemente están en tu presencia bebiendo de tu sabiduría!

¡Y alabado sea el SEÑOR tu Dios, que se ha deleitado en ti y te ha puesto en el trono de Israel! En su eterno amor por Israel, el SEÑOR te ha hecho rey para que gobiernes con justicia y rectitud.»

La reina de Sabá vino a Jerusalén porque Salomón era muy sabio y amaba a Dios. Pero más tarde Salomón comenzó a hacer cosas muy imprudentes. Comenzó a adorar ídolos en lugar de a Dios.

Entonces el SEÑOR, Dios de Israel, se enojó con Salomón porque su corazón se había apartado de él, a pesar de que en dos ocasiones se le había aparecido para prohibirle que siguiera a otros dioses.

Como Salomón no había cumplido esa orden, el SEÑOR le dijo: «Ya que procedes de este modo, y no has cumplido con mi pacto ni con los decretos que te he ordenado, puedes estar seguro de que te quitaré el reino y se lo daré a uno de tus siervos.

No obstante, por consideración a tu padre David no lo haré mientras tú vivas, sino que lo arrancaré de la mano de tu hijo. Y a éste, también por consideración a mi siervo David y a Jerusalén, no le quitaré todo el reino, sino que le dejaré una sola tribu, la cual ya he escogido.»

Preguntas para la discusión

1. Si pudieras pedirle a Dios cualquier cosa en el mundo, ¿qué le pedirías? ¿Por qué le pedirías eso?

2. ¿Cuáles son tus cosas favoritas sobre las que quisieras aprender? (Cosas tales como matemáticas, ciencias, idiomas, arte, música, deportes). ¿Qué las hace interesantes para ti?

3. Salomón construyó un templo para Dios. ¿Qué podrías construir o hacer para demostrarle a Dios lo importante que es él para ti?

14

Un reino dividido en dos

Debido a que Salomón había desobedecido a Dios y había dejado de adorarlo, Dios planeó dividir el reino a la mitad. Cuando Salomón murió, su hijo Roboán se convirtió en rey de una pequeña parte del reino de su padre. La parte más grande fue gobernada por Jeroboán.

El país que Roboán gobernó fue Judá y el reino de Jeroboán se llamó Israel. La mayor parte del tiempo, los reyes (y el pueblo) de Israel y Judá fueron muy pecadores.

Los habitantes de Judá hicieron lo que ofende al Señor, y con sus pecados provocaron los celos del Señor más que sus antepasados.

Además, en todas las colinas y bajo todo árbol frondoso se construyeron santuarios paganos, piedras sagradas e imágenes de la diosa Aserá.

Cuando los pueblos de Judá e Israel desobedecieron a Dios y cayeron en pecado, Dios les demostró que era más poderoso que los ídolos. Él utilizó a reyes malvados de otros países, como a Sisac de Egipto, para darle a su pueblo una lección y hacerlos regresar a él.

[Sisac] saqueó los tesoros del templo del Señor y del palacio real. Se lo llevó todo, aun los escudos de oro que Salomón había hecho. Para reemplazarlos, el rey Roboán mandó hacer escudos de bronce y los puso al cuidado de los jefes de la guardia que custodiaba la entrada del palacio real. Siempre que el rey iba al templo del Señor, los guardias portaban los escudos, pero luego los devolvían a la sala de los centinelas.

Además del ataque del faraón a Judá, Jeroboán y Roboán lucharon uno en contra del otro. Al morir ambos, sus malvados hijos se hicieron cargo de los reinos y continuaron luchando.

La mayor parte del tiempo, Israel fue un pueblo muy pecador. No importaba quién fuera el rey, el pueblo continuaba pecando y adorando ídolos, lo cual enojaba a Dios cada vez más.

Sin embargo, aún había esperanza para Judá. Ocasionalmente llegaba al trono un rey que amaba a Dios y trataba de ser un buen rey como David. Asá fue uno de estos buenos reyes.

Asá hizo lo que agrada al Señor, como lo había hecho su antepasado David.

[...] Acabó con todos los ídolos que sus antepasados habían fabricado. Hasta destituyó a su abuela Macá de su puesto como reina madre, porque ella se había hecho una escandalosa imagen de la diosa Aserá. Asá derribó la imagen y la quemó en el arroyo de Cedrón.

Aunque no quitó los santuarios paganos, Asá se mantuvo siempre fiel al Señor. Además, llevó al templo del Señor el oro, la plata y los utensilios que él y su padre habían consagrado.

Durante los reinados de Asá y Basá, rey de Israel, hubo guerra entre ellos. Basá, rey de Israel, atacó a Judá y fortificó Ramá para aislar totalmente a Asá, rey de Judá.

Entonces el rey Asá movilizó a todo Judá, sin eximir a nadie, y se llevaron de Ramá las piedras y la madera con que Basá había estado fortificando la ciudad. Con ellas el rey Asá fortificó Gueba de Benjamín, y también Mizpa.

Los demás acontecimientos del reinado de Asá, y todo su poderío y todo lo que hizo, y lo que atañe a las ciudades que edificó, están escritos en el libro de las crónicas de los reyes de Judá. Sin embargo, en su vejez sufrió una enfermedad de los pies. Luego Asá murió y fue sepultado con sus antepasados en la Ciudad de David. Y su hijo Josafat lo sucedió en el trono.

Asá y Josafat fueron buenos reyes de Judá, sin embargo, los reyes en Israel fueron perversos. Varios reyes gobernaron

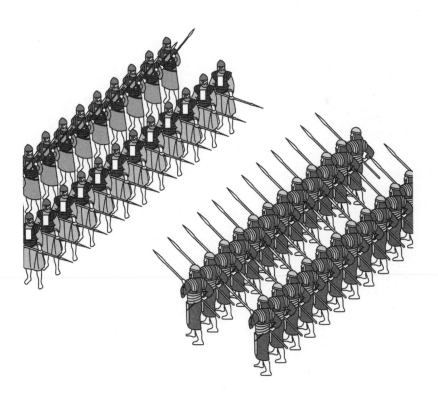

Israel luego de que Basá dejó el trono. Fue entonces cuando el rey más pecador y adorador de ídolos llegó al trono en Israel. Su nombre era Acab.

Acab hijo de Omrí hizo lo que ofende al Señor, más que todos los reyes que lo precedieron. Como si hubiera sido poco el cometer los mismos pecados de Jeroboán hijo de Nabat, también se casó con Jezabel [...] y se dedicó a servir a Baal y a adorarlo.

Le erigió un altar en el templo que le había construido en Samaria, y también fabricó una imagen de la diosa Aserá.

En fin, hizo más para provocar la ira del Señor, Dios de Israel, que todos los reyes de Israel que lo precedieron.

Preguntas para la discusión

1. Algunas veces las personas no siguen las reglas de Dios. ¿Cuál de las reglas de Dios es especialmente fácil o difícil de obedecer para ti?

2. Describe algunas de las maneras en que la gente muestra su amor a Dios. ¿De qué manera *tú* le demuestras a Dios que lo amas?

15

Los mensajeros de Dios

Elías vivía en Israel. Era un hombre bueno y amaba a Dios tanto como el rey Acab era perverso y desobediente a Dios. Elías era uno de los profetas, aquel al que Dios había escogido para hablarle a Acab.

Ahora bien, Elías [...] fue a decirle a Acab: «Tan cierto como que vive el SEÑOR, Dios de Israel, a quien yo sirvo, te juro que no habrá rocío ni lluvia en los próximos años, hasta que yo lo ordene.»

Entonces la palabra del SEÑOR vino a Elías y le dio este mensaje: «Sal de aquí hacia el oriente, y escóndete en el arroyo de Querit, al este del Jordán. Beberás agua del arroyo, y yo les ordenaré a los cuervos que te den de comer allí.»

Así que Elías se fue al arroyo de Querit, al este del Jordán, y allí permaneció, conforme a la palabra del SEÑOR. Por la mañana y por la tarde los cuervos le llevaban pan y carne, y bebía agua del arroyo.

Después de un largo tiempo, en el tercer año, la palabra del SEÑOR vino a Elías y le dio este mensaje: «Ve y preséntate ante Acab, que voy a enviar lluvia sobre la tierra.»

Así que Elías se puso en camino para presentarse ante Acab. En Samaria había mucha hambre.

Cuando Acab lo vio, le preguntó: —¿Eres tú el que le está causando problemas a Israel?

—No soy yo quien le está causando problemas a Israel —respondió Elías—. Quienes se los causan son tú y tu familia, porque han abandonado los mandamientos del SEÑOR y se han ido tras los baales.

Ahora convoca de todas partes al pueblo de Israel, para que se reúna conmigo en el monte Carmelo con los cuatrocientos cincuenta profetas de Baal y los cuatrocientos profetas de la diosa Aserá que se sientan a la mesa de Jezabel.

Acab convocó en el monte Carmelo a todos los israelitas y a los profetas.

Elías se presentó ante el pueblo y dijo: —¿Hasta cuándo van a seguir indecisos? Si el Dios verdadero es el SEÑOR, deben seguirlo; pero si es Baal, síganlo a él.

El pueblo no dijo una sola palabra.

Entonces Elías añadió: —Yo soy el único que ha quedado de los profetas del SEÑOR; en cambio, Baal cuenta con cuatrocientos cincuenta profetas. Tráigannos dos bueyes. Que escojan ellos uno, y lo descuarticen y pongan los pedazos sobre la leña, pero sin prenderle fuego. Yo prepararé el otro buey y lo pondré sobre la leña, pero tampoco le prenderé fuego. Entonces invocarán ellos el nombre de su dios, y yo invocaré el nombre del SEÑOR. ¡El que responda con fuego, ése es el Dios verdadero!

Y todo el pueblo estuvo de acuerdo.

Los profetas de Baal oraron todo el día, pero nada sucedió. ¡Entonces Elías oró a Dios y Dios envió fuego desde el cielo que quemó el holocausto, la leña, las piedras y el suelo!

Cuando todo el pueblo vio esto, se postró y exclamó: «¡El SEÑOR es Dios, el Dios verdadero!»

Luego Elías les ordenó: —¡Agarren a los profetas de Baal! ¡Que no escape ninguno!

Tan pronto como los agarraron, Elías hizo que los bajaran al arroyo Quisón, y allí los ejecutó.

Acab le contó a Jezabel todo lo que Elías había hecho, y cómo había matado a todos los profetas a filo de espada.

Entonces Jezabel envió un mensajero a que le dijera a Elías: «¡Que los dioses me castiguen sin piedad si mañana a esta hora no te he quitado la vida como tú se la quitaste a ellos!»

Elías se asustó y huyó para ponerse a salvo. Cuando llegó a Berseba de Judá, dejó allí a su criado y caminó todo un día por el desierto. Llegó a donde había un arbusto, y se sentó a su sombra con ganas de morirse. «¡Estoy harto, Señor! —protestó—. Quítame la vida, pues no soy mejor que mis antepasados.» Luego se acostó debajo del arbusto y se quedó dormido.

De repente, un ángel lo tocó y le dijo: «Levántate y come.» Elías miró a su alrededor, y vio a su cabecera un panecillo cocido

sobre carbones calientes, y un jarro de agua. Comió y bebió, y volvió a acostarse.

El ángel del SEÑOR regresó y, tocándolo, le dijo: «Levántate y come, porque te espera un largo viaje.» Elías se levantó, y comió y bebió. Una vez fortalecido por aquella comida, viajó cuarenta días y cuarenta noches hasta que llegó a Horeb, el monte de Dios. Allí pasó la noche en una cueva.

Más tarde, la palabra del SEÑOR vino a él. —¿Qué haces aquí, Elías? —le preguntó.

—Me consume mi amor por ti, SEÑOR Dios Todopoderoso — respondió él—. Los israelitas han rechazado tu pacto, han derribado tus altares, y a tus profetas los han matado a filo de espada. Yo soy el único que ha quedado con vida, ¡y ahora quieren matarme a mí también!

El SEÑOR le ordenó: —Sal y preséntate ante mí en la montaña, porque estoy a punto de pasar por allí.

Como heraldo del SEÑOR vino un viento recio, tan violento que partió las montañas e hizo añicos las rocas; pero el SEÑOR no estaba en el viento.

Al viento lo siguió un terremoto, pero el SEÑOR tampoco estaba en el terremoto.

Tras el terremoto vino un fuego, pero el SEÑOR tampoco estaba en el fuego. Y después del fuego vino un suave murmullo. Cuando Elías lo oyó, se cubrió el rostro con el manto y, saliendo, se puso a la entrada de la cueva.

Entonces oyó una voz que le dijo: —¿Qué haces aquí, Elías?

Él respondió: —Me consume mi amor por ti, SEÑOR, Dios Todopoderoso. Los israelitas han rechazado tu pacto, han derribado tus altares, y a tus profetas los han matado a filo de espada. Yo soy el único que ha quedado con vida, ¡y ahora quieren matarme a mí también!

El SEÑOR le dijo: —Regresa por el mismo camino, y ve al desierto de Damasco. Cuando llegues allá, unge a Jazael como rey de Siria, y a Jehú hijo de Nimsi como rey de Israel [...]

Sin embargo, yo preservaré a siete mil israelitas que no se han arrodillado ante Baal ni lo han besado.

Luego del mensaje de Dios, Elías fue a buscar a Eliseo. Cuando Eliseo conoció a Elías, abandonó su vida como agricultor y se convirtió en su ayudante.

El rey Acab fue a la guerra y murió, entonces su hijo Ocozías ocupó su lugar como rey. Ocozías era un rey perverso como su padre. Cuando murió, su hermano Jorán lo sucedió en el trono.

Elías estaba envejeciendo y Dios decidió que había llegado la hora de que Eliseo se convirtiera en el principal profeta de Israel. Así que Elías y Eliseo viajaron a un lugar donde Dios haría algo asombroso.

Cuando se acercaba la hora en que el Señor se llevaría a Elías al cielo en un torbellino, Elías y Eliseo salieron de Guilgal. Entonces Elías le dijo a Eliseo: —Quédate aquí, pues el Señor me ha enviado a Betel.

Pero Eliseo le respondió: —Tan cierto como que el Señor y tú viven, te juro que no te dejaré solo. Así que fueron juntos a Betel.

[…] Se detuvieron junto al río Jordán. Cincuenta miembros de la comunidad de profetas fueron también hasta ese lugar, pero se mantuvieron a cierta distancia, frente a ellos. Elías tomó su manto y, enrollándolo, golpeó el agua. El río se partió en dos, de modo que ambos lo cruzaron en seco.

Al cruzar, Elías le preguntó a Eliseo: —¿Qué quieres que haga por ti antes de que me separen de tu lado?

—Te pido que sea yo el heredero de tu espíritu por partida doble —respondió Eliseo.

—Has pedido algo difícil —le dijo Elías—, pero si logras verme cuando me separen de tu lado, te será concedido; de lo contrario, no.

Iban caminando y conversando cuando, de pronto, los separó un carro de fuego con caballos de fuego, y Elías subió al cielo en medio de un torbellino.

Eliseo, viendo lo que pasaba, se puso a gritar: «¡Padre mío, padre mío, carro y fuerza conductora de Israel!» Pero no volvió a verlo.

Entonces agarró su ropa y la rasgó en dos.

Luego recogió el manto que se le había caído a Elías y, regresando a la orilla del Jordán, golpeó el agua con el manto y exclamó: «¿Dónde está el Señor, el Dios de Elías?» En cuanto golpeó el agua, el río se partió en dos, y Eliseo cruzó.

Los profetas de Jericó, al verlo, exclamaron: «¡El espíritu de Elías se ha posado sobre Eliseo!» Entonces fueron a su encuentro y se postraron ante él, rostro en tierra.

Dios estaba con Eliseo y él hizo muchas cosas milagrosas. Revivió a un niño que había muerto y sanó a un hombre sin siquiera tocarlo. Después que Eliseo murió, sus huesos le devolvieron la vida a un hombre.

Mientras Elías y Eliseo fueron profetas, Israel fue una nación rica llena de gente pecadora. Debido al pecado del pueblo, Dios se fue enojando cada vez más, porque ellos habían olvidado que era Dios, y no los ídolos, quien los había enriquecido. Sin embargo, al pueblo no le importó Dios. Fue así que el Señor decidió que si el pueblo no se arrepentía, él enviaría reyes de otros países a quitarles todo lo que tenían en Israel. Dios tenía la esperanza de que el pueblo se acordara de él, así que envió a un hombre llamado Amós a advertirle al pueblo acerca de lo que sucedería si ellos continuaban adorando ídolos. Amós dijo:

Oigan, israelitas, esta palabra que el Señor pronuncia contra ustedes, contra toda la familia que saqué de Egipto:

«Sólo a ustedes los he escogido
 entre todas las familias de la tierra.
Por tanto, les haré pagar
 todas sus perversidades.»

Proclamen en las fortalezas de Asdod
 y en los baluartes de Egipto:
«Reúnanse sobre los montes de Samaria
 y vean cuánto pánico hay en ella,
 ¡cuánta opresión hay en su medio!»

«Los que acumulan en sus fortalezas

el fruto de la violencia y el saqueo
no saben actuar con rectitud»,

afirma el Señor.

Por lo tanto, así dice el Señor omnipotente:

«Un enemigo invadirá tu tierra;
    echará abajo tu poderío
    y saqueará tus fortalezas.»

El Señor omnipotente ha jurado por su santidad:
    «Vendrán días en que hasta la última de ustedes
    será arreada con garfios y arpones.

»Yo les hice pasar hambre en todas sus ciudades,
    y los privé de pan en todos sus poblados.
    Con todo, ustedes no se volvieron a mí

—afirma el Señor—.

»Les mandé plagas
    como las de Egipto.
Pasé por la espada a sus mejores jóvenes,
    junto con los caballos capturados.
Hice que llegara hasta sus propias narices
    el hedor de los cadáveres.
    Con todo, ustedes no se volvieron a mí

—afirma el Señor—.

»Por eso, Israel, voy a actuar contra ti;
    y como voy a hacerlo,
    ¡prepárate, Israel, para encontrarte con tu Dios!»

Busquen al Señor y vivirán […]

Busquen el bien y no el mal, y vivirán;
    y así estará con ustedes el Señor Dios
    Todopoderoso,
    tal como ustedes lo afirman.

¡Odien el mal y amen el bien!

Hagan que impere la justicia en los tribunales;
tal vez así el Señor, el Dios Todopoderoso,
tenga compasión del remanente de José.

Por eso los ojos del Señor omnipotente
están sobre este reino pecaminoso.
Borraré de la faz de la tierra a los descendientes de Jacob,
aunque no del todo
—afirma el Señor—.

A pesar de que Dios le advirtió al pueblo varias veces por medio de sus profetas Amós y Oseas, el pueblo continuó pecando. Ellos no siguieron las reglas de Dios ni escucharon sus advertencias, así que él se decidió a castigarlos. Otros reyes vinieron y robaron el dinero, destruyeron todas las casas y ciudades y se llevaron al pueblo de Israel a vivir en países lejanos. La gran nación de Israel quedó completamente destruida.

El reino de Judá permaneció. Algunos de sus reyes fueron buenos. Ellos amaban a Dios y le recordaban al pueblo todo lo que él había hecho por ellos. Sin embargo, otros reyes fueron perversos y permitían que el pueblo adorara ídolos. Dios envió profetas al pueblo de Judá para recordarles que había (y hay) solamente un verdadero Dios.

Luego envió otro profeta, llamado Isaías, a decirle al pueblo que se arrepintiera, porque si no lo hacía, un poderoso rey vendría a destruir la nación de Judá. Este rey robaría el dinero, quemaría la tierra y se llevaría al pueblo. No obstante, como Dios había amado al rey David y le había prometido que su reino en Judá nunca terminaría, Dios no iba a destruir a Judá completamente como lo había hecho con Israel. El mensaje de Isaías hablaba de cosas horribles que sucederían, pero también estaba lleno de esperanza para el futuro.

Preguntas para la discusión

1. ¿Alguna vez le has hablado a alguien acerca de tu fe en Dios? ¿Por qué escogiste a esa persona?

2. ¿Alguna vez has hecho un largo viaje?
   Si es así, ¿a dónde fuiste?
   Si nunca has hecho un largo viaje, ¿a dónde te gustaría ir y por qué?

3. ¿Dices siempre que lo lamentas luego de herir los sentimientos de alguien? Piensa en alguna ocasión en que alguien hirió tus sentimientos. ¿Recibiste una disculpa? ¿Cómo te sentiste?

16

El principio del fin

Isaías le dio al pueblo los mensajes de Dios. Si Judá cambiaba y comenzaba a obedecer a Dios, él los perdonaría y protegería de los poderosos reyes extranjeros. El mensaje de Isaías no era agradable. Sus noticias eran difíciles de imaginar o escuchar. ¿Estaría el pueblo dispuesto a escuchar y a pedir perdón? Isaías dijo:

¡Presten atención!
    El Señor, el SЕñor Todopoderoso,
retira de Jerusalén y de Judá
    todo apoyo y sustento:
    toda provisión de pan,
    toda provisión de agua.
Él retira al valiente y al guerrero,
    al juez y al profeta,
    al adivino y al anciano,
al capitán y al dignatario,
    al consejero, al artesano experto
    y al hábil encantador.

Les pondré como jefes a muchachos,
    y los gobernarán niños caprichosos.
Unos a otros se maltratarán:
    hombre contra hombre,
    vecino contra vecino,
    joven contra anciano,
    plebeyo contra noble.
Jerusalén se tambalea,
    Judá se derrumba,
porque su hablar y su actuar
    son contrarios al Señor:
    ¡desafían su gloriosa presencia!
Su propio descaro los acusa
    y, como Sodoma, se jactan de su pecado;
    ¡ni siquiera lo disimulan!
¡Ay de ellos,
    porque causan su propia desgracia!

¡Pobre pueblo mío, oprimido por niños
    y gobernado por mujeres!
¡Pobre pueblo mío, extraviado por tus guías,
    que tuercen el curso de tu senda!

El Señor se dispone a denunciar;
    se levanta para enjuiciar al pueblo.

El mensaje de Isaías es uno de los más impresionantes en toda la Biblia. Él habla de ciudades que caen a pedazos y el pueblo de Judá siendo llevado encadenado a un país llamado Babilonia. Sin embargo, la mayor parte del mensaje de Isaías era acerca de lo que pasaría en el futuro luego de la tristeza y destrucción. Isaías también dijo:

En verdad, el Señor tendrá compasión de Jacob y elegirá de nuevo a Israel.
    Los asentará en su propia tierra.
Los extranjeros se juntarán con ellos, y se unirán a los descendientes de Jacob.
    Los pueblos los acogerán y los llevarán hasta su patria.

El principio del fin

Los israelitas los tomarán como siervos y siervas en el suelo del Señor; apresarán a sus captores y dominarán a sus opresores.

Cuando el Señor los haga descansar de su sufrimiento, de su tormento y de la cruel esclavitud a la que fueron sometidos, pronunciarán esta sátira contra el rey de Babilonia:

¡Hay que ver cómo terminó el opresor,
   y cómo acabó su furia insolente!
Quebró el Señor la vara de los malvados;
   rompió el bastón de los tiranos

Así dice el Señor:

«En el momento propicio te respondí,
   y en el día de salvación te ayudé.
Ahora te guardaré, y haré de ti
   un pacto para el pueblo,
para que restaures el país
   y repartas las propiedades asoladas;
para que digas a los cautivos:
   "¡Salgan!",
y a los que viven en tinieblas:
   "¡Están en libertad!" […]

El mensaje de Isaías es aún mejor. Él confiaba en Dios y Dios le permitió ver muchas cosas que pasarían en el futuro, muy lejanamente en el tiempo. Isaías habló sobre el Mesías, la persona que salvaría para siempre a Judá y al mundo de la destrucción y el dolor. Dios dio a conocer esta noticia acerca del Mesías, incluso cientos de años antes de que él naciera, porque quería que los judíos (todas las personas de Judá) supieran que esto pasaría y que lo aguardaran con esperanza.

¿Quién ha creído a nuestro mensaje
   y a quién se le ha revelado el poder
   del Señor?

Creció en su presencia como vástago tierno,
   como raíz de tierra seca.
No había en él belleza ni majestad alguna;
   su aspecto no era atractivo
   y nada en su apariencia lo hacía deseable.
Despreciado y rechazado por los hombres,
   varón de dolores, hecho para el sufrimiento.
Todos evitaban mirarlo;
   fue despreciado, y no lo estimamos.

Ciertamente él cargó con nuestras enfermedades
   y soportó nuestros dolores,
pero nosotros lo consideramos herido,
   golpeado por Dios, y humillado.
Él fue traspasado por nuestras rebeliones,
   y molido por nuestras iniquidades;
sobre él recayó el castigo, precio de nuestra paz,
   y gracias a sus heridas fuimos sanados.
Todos andábamos perdidos, como ovejas;
   cada uno seguía su propio camino,
pero el Señor hizo recaer sobre él
   la iniquidad de todos nosotros.

El principio del fin

Maltratado y humillado,
   ni siquiera abrió su boca;
como cordero, fue llevado al matadero;
   como oveja, enmudeció ante su trasquilador;
   y ni siquiera abrió su boca.

Después de aprehenderlo y juzgarlo, le dieron muerte;
   nadie se preocupó de su descendencia.
Fue arrancado de la tierra de los vivientes,
   y golpeado por la transgresión de mi pueblo.
Se le asignó un sepulcro con los malvados,
   y murió entre los malhechores,
aunque nunca cometió violencia alguna,
   ni hubo engaño en su boca.

Pero el Señor quiso quebrantarlo y hacerlo sufrir,
   y como él ofreció su vida en expiación,
verá su descendencia y prolongará sus días,
   y llevará a cabo la voluntad del Señor.
Después de su sufrimiento,
   verá la luz y quedará satisfecho;
por su conocimiento
   mi siervo justo justificará a muchos,
   y cargará con las iniquidades de ellos.

Por lo tanto, le daré un puesto entre los grandes,
   y repartirá el botín con los fuertes,
porque derramó su vida hasta la muerte,
   y fue contado entre los transgresores.
Cargó con el pecado de muchos,
   e intercedió por los pecadores.

Preguntas para la discusión

1. Si gobernaras un país, ¿qué clase de gobernante te gustaría ser? ¿Cuáles reglas harías para tu pueblo?

2. ¿Cuál fue la última cosa por la que oraste?

3. Dios contesta todas nuestras oraciones, aun cuando algunas veces esa respuesta tenga que esperar. ¿Qué puedes hacer mientras esperas por una respuesta de Dios?

17

La caída del reino

Desafortunadamente, el pueblo de Judá no escuchó a Isaías. Dios llamó a otro profeta, llamado Jeremías, para advertirles a todas las personas una vez más que el rey de Babilonia destruiría todo y se llevaría al pueblo como esclavos. Dios escogió a Jeremías para esta asignación especial. Jeremías dijo:

La palabra del Señor vino a mí:

«Antes de formarte en el vientre,
　　ya te había elegido;
antes de que nacieras,
　　ya te había apartado;
　　te había nombrado profeta
　　para las naciones.»

Yo le respondí: «¡Ah, Señor mi Dios! ¡Soy muy joven, y no sé hablar!»

Pero el Señor me dijo: «No digas: "Soy muy joven", porque vas a ir adondequiera que yo te envíe, y vas a decir todo lo que yo te

ordene. No le temas a nadie, que yo estoy contigo para librarte.»
Lo afirma el Señor.

Luego extendió el Señor la mano y, tocándome la boca, me dijo: «He puesto en tu boca mis palabras. Mira, hoy te doy autoridad sobre naciones y reinos, para arrancar y derribar, para destruir y demoler, para construir y plantar.»

Jeremías estaba asustado por lo que Dios quería que él hiciera, porque sabía que los reyes de Judá eran testarudos y no les gustaría su mensaje. No obstante, él confiaba en Dios y sabía que su mensaje era importante para las personas en Jerusalén. Jeremías le dijo al pueblo: «Así dice el Señor:

Yo te planté, como vid selecta,
    con semilla genuina.
¿Cómo es que te has convertido
    en una vid degenerada y extraña?
Aunque te laves con lejía,
    y te frotes con mucho jabón,
ante mí seguirá presente
    la mancha de tu iniquidad
—afirma el Señor omnipotente—.

»El pueblo de Israel se avergonzará,
    junto con sus reyes y autoridades,
sacerdotes y profetas,
    como se avergüenza el ladrón cuando lo descubren.

A un trozo de madera le dicen:
    "Tú eres mi padre",
y a una piedra le repiten:
    "Tú me has dado a luz."
Me han vuelto la espalda;
    no me quieren dar la cara.
Pero les llega la desgracia y me dicen:
    "¡Levántate y sálvanos!"
¿Dónde están, Judá, los dioses que te fabricaste?
    ¡Tienes tantos dioses como ciudades!
¡Diles que se levanten!

La caída del reino

¡A ver si te salvan cuando caigas en desgracia!

«Recorran las calles de Jerusalén,
  observen con cuidado,
  busquen por las plazas.
Si encuentran una sola persona
  que practique la justicia y busque la verdad,
  yo perdonaré a esta ciudad.

Pero si ustedes no obedecen,
  lloraré en secreto
  por causa de su orgullo;
mis ojos llorarán amargamente
  y se desharán en lágrimas,
porque el rebaño del SEÑOR
  será llevado al cautiverio.
Di al rey y a la reina madre:
  «¡Humíllense, siéntense en el suelo,
que ya no ostentan sobre su cabeza
  la corona de gloria!»

Las ciudades del Néguev están cerradas,
  y no hay quien abra sus puertas.
Todo Judá se ha ido al destierro,
  exiliado en su totalidad.

Jeremías le advirtió al pueblo una y otra vez sobre las cosas terribles que sucederían si ellos no se arrepentían, pero nadie escuchó. Un rey quemó las profecías de Jeremías porque pensaba que no eran verdaderas. Los reyes de Judá estaban tan seguros de que nada pasaría, que hicieron cosas que enojaron a los líderes de Babilonia.

Por lo tanto Nabucodonosor, el rey de los babilonios, atacó Judá y se llevó a algunas de las personas más inteligentes y fuertes para Babilonia. Sin embargo, ni siquiera este ataque hizo que el pueblo escuchara el mensaje de Jeremías.

Por amor a su pueblo y al lugar donde habita, el SEÑOR, Dios de sus antepasados, con frecuencia les enviaba advertencias por medio de sus mensajeros.

Pero ellos se burlaban de los mensajeros de Dios, tenían en poco sus palabras, y se mofaban de sus profetas. Por fin, el Señor desató su ira contra el pueblo, y ya no hubo remedio.

Sedequías tenía veintiún años cuando ascendió al trono, y reinó en Jerusalén once años, pero hizo lo que ofende al Señor su Dios. No se humilló ante el profeta Jeremías, que hablaba en nombre del Señor, y además se rebeló contra el rey Nabucodonosor, a quien había jurado lealtad. Sedequías fue terco y, en su obstinación, no quiso volverse al Señor, Dios de Israel.

También los jefes de los sacerdotes y el pueblo aumentaron su maldad, pues siguieron las prácticas detestables de los países vecinos y contaminaron el templo que el Señor había consagrado para sí en Jerusalén.

Sedequías se rebeló contra el rey de Babilonia. En el año noveno del reinado de Sedequías, a los diez días del mes décimo, Nabucodonosor, rey de Babilonia, marchó con todo su ejército y atacó a Jerusalén. Acampó frente a la ciudad y construyó una rampa de asalto a su alrededor. La ciudad estuvo sitiada hasta el año undécimo del reinado de Sedequías.

A los nueve días del mes cuarto, cuando el hambre se agravó en la ciudad, y no había más alimento para el pueblo, se abrió una brecha en el muro de la ciudad, de modo que, aunque los babilonios la tenían cercada, todo el ejército se escapó de noche por la puerta que estaba entre los dos muros, junto al jardín real. Huyeron camino al Arabá, pero el ejército babilonio persiguió a Sedequías hasta alcanzarlo en la llanura de Jericó. Sus soldados se dispersaron, abandonándolo, y los babilonios lo capturaron.

Entonces lo llevaron ante el rey de Babilonia, que estaba en Riblá. Allí Sedequías recibió su sentencia. [...] Lo ataron con cadenas de bronce y lo llevaron a Babilonia.

Nabuzaradán además deportó a la gente que quedaba en la ciudad, es decir, al resto de la muchedumbre y a los que se habían aliado con el rey de Babilonia.

Sin embargo, dejó a algunos de los más pobres para que se encargaran de los viñedos y de los campos.

Jeremías confiaba en Dios e hizo lo que Dios quería, aun cuando esto le provocaba problemas con el rey, por eso Dios prometió protegerlo. Cuando un líder poderoso de Babilonia encontró a Jeremías, lo dejó ir y le prometió cuidarlo.

Alguien (muchos creen que fue el mismo Jeremías) escribió una poesía triste acerca de Judá, llamada Lamentaciones. Él estaba triste al ver su tierra natal destruida y a su pueblo llevado por la fuerza. Esto es lo que se escribió:

¡Ay, cuán desolada se encuentra
　　la que fue ciudad populosa!
¡Tiene apariencia de viuda
　　la que fue grande entre las naciones!
¡Hoy es esclava de las provincias
　　la que fue gran señora entre ellas!

El Señor ha llevado a cabo sus planes;
　　ha cumplido su palabra,
　　que decretó hace mucho tiempo.

Sin piedad, te echó por tierra;
    dejó que el enemigo se burlara de ti,
    y enalteció el poder de tus oponentes.

Pero algo más me viene a la memoria,
    lo cual me llena de esperanza:
El gran amor del Señor nunca se acaba,
    y su compasión jamás se agota.
Cada mañana se renuevan sus bondades;
    ¡muy grande es su fidelidad!
Por tanto, digo:
    «El Señor es todo lo que tengo.
    ¡En él esperaré!»
Bueno es el Señor con quienes en él confían,
    con todos los que lo buscan.
Bueno es esperar calladamente
    a que el Señor venga a salvarnos.

Recuerda, Señor, lo que nos ha sucedido;
    toma en cuenta nuestro oprobio.
En nuestro corazón ya no hay gozo;
    la alegría de nuestras danzas se convirtió en tristeza.
Nuestra cabeza se ha quedado sin corona.
    ¡Ay de nosotros; hemos pecado!

Pero tú, Señor, reinas por siempre;
    tu trono permanece eternamente.
¿Por qué siempre nos olvidas?
    ¿Por qué nos abandonas tanto tiempo?
Permítenos volver a ti, Señor, y volveremos;
    devuélvenos la gloria de antaño.

Mientras Jeremías profetizaba en Judá, Dios usó a un hombre llamado Ezequiel para hablarle al pueblo. Ezequiel vivía en Babilonia y le habló al pueblo de Dios que había sido capturado. Les recordó que Dios mantenía su mirada sobre ellos, aun cuando estuvieran en Babilonia.

En el día quinto del mes cuarto del año treinta, mientras me encontraba entre los deportados a orillas del río Quebar, los cielos se abrieron y recibí visiones de Dios.

De pronto me fijé y vi que del norte venían un viento huracanado y una nube inmensa rodeada de un fuego fulgurante y de un gran resplandor. En medio del fuego se veía algo semejante a un metal refulgente.

También en medio del fuego vi algo parecido a cuatro seres vivientes, cada uno de los cuales tenía cuatro caras y cuatro alas.

Sobre las cabezas de los seres vivientes había una especie de bóveda, muy hermosa y reluciente como el cristal. Debajo de la bóveda las alas de estos seres se extendían y se tocaban entre sí, y cada uno de ellos tenía otras dos alas con las que se cubría el cuerpo.

Cuando los seres avanzaban, yo podía oír el ruido de sus alas: era como el estruendo de muchas aguas, como la voz del Todopoderoso, como el tumultuoso ruido de un campamento militar. Cuando se detenían, replegaban sus alas.

Luego, mientras estaban parados con sus alas replegadas, se produjo un estruendo por encima de la bóveda que estaba sobre sus cabezas. Por encima de esa bóveda había algo semejante a un trono de zafiro, y sobre lo que parecía un trono había una figura de aspecto humano.

De lo que parecía ser su cintura para arriba, vi algo que brillaba como el metal bruñido, rodeado de fuego. De su cintura para abajo, vi algo semejante al fuego, y un resplandor a su alrededor. El resplandor era semejante al del arco iris cuando aparece en las nubes en un día de lluvia.

Tal era el aspecto de la gloria del Señor. Ante esa visión, caí rostro en tierra y oí que una voz me hablaba.

Esa voz me dijo: «Hijo de hombre, ponte en pie, que voy a hablarte.» Mientras me hablaba, el Espíritu entró en mí, hizo que me pusiera de pie, y pude oír al que me hablaba.

Me dijo: «Hijo de hombre, te voy a enviar a los israelitas. Es una nación rebelde que se ha sublevado contra mí. Ellos y sus antepasados se han rebelado contra mí hasta el día de hoy. Te estoy enviando a un pueblo obstinado y terco, al que deberás advertirle: "Así dice el Señor omnipotente." Tú, hijo de hombre, no tengas miedo de ellos ni de sus palabras, por más que estés en medio de cardos y espinas, y vivas rodeado de escorpiones. No temas por lo que digan, ni te sientas atemorizado, porque son un pueblo obstinado. Tal vez te escuchen, tal vez no, pues son un pueblo rebelde; pero tú les proclamarás mis palabras.»

Ezequiel hizo algunas cosas extrañas para mostrarle al pueblo lo que estaba sucediendo en Judá. Sus acciones hicieron que el pueblo lo escuchara, y una vez que tuvo la atención de todos, les dio un mensaje muy importante: Dios le permitiría al pueblo regresar a Judá algún día. De hecho, él los perdonaría por completo y los haría mucho más fuertes que antes. Esto es lo que Dios le dijo a Ezequiel:

«Por eso, adviértele al pueblo de Israel que así dice el Señor omnipotente: "Voy a actuar, pero no por ustedes sino por causa de mi santo nombre, que ustedes han profanado entre las naciones por donde han ido. Daré a conocer la grandeza de mi santo nombre, el cual ha sido profanado entre las naciones, el mismo que ustedes han profanado entre ellas. Cuando dé a conocer mi santidad entre ustedes, las naciones sabrán que yo soy el Señor. Lo afirma el Señor omnipotente. Los sacaré de entre las naciones, los reuniré de entre todos los pueblos, y los haré regresar a su propia tierra. Los rociaré con agua pura, y quedarán purificados. Los limpiaré de todas sus impurezas e idolatrías. Les daré un nuevo corazón, y les infundiré un espíritu nuevo; les quitaré ese corazón de piedra que ahora tienen, y les pondré un corazón de carne. Infundiré mi Espíritu en ustedes, y haré que sigan mis preceptos y obedezcan mis leyes. Vivirán en la tierra que les di a sus antepasados, y ustedes serán mi pueblo y yo seré su Dios.

»"Así dice el Señor omnipotente: El día que yo los purifique de todas sus iniquidades, poblaré las ciudades y reconstruiré las ruinas. Se cultivará la tierra desolada, y ya no estará desierta a la vista de cuantos pasan por ella.

»Entonces se dirá: 'Esta tierra, que antes yacía desolada, es ahora un jardín de Edén; las ciudades que antes estaban en ruinas, desoladas y destruidas, están ahora habitadas y fortalecidas.'

»Entonces las naciones que quedaron a su alrededor sabrán que yo, el Señor, reconstruí lo que estaba derribado y replanté lo que había quedado como desierto. Yo, el Señor, lo he dicho, y lo cumpliré."»

Preguntas para la discusión

1. ¿Alguna vez le has robado algo a alguien? Si es así, ¿se lo devolviste? ¿Te disculpaste? ¿Alguna vez alguien te ha robado a ti?

2. ¿Alguna vez tú o tus amigos han sido acosados por otros niños? ¿Cómo te sentiste por ello? ¿Cómo enfrentaste la situación?

3. ¿Por qué debemos orar por las demás personas (incluso aquellas que hacen cosas desagradables)?

18

Dios cuida de Daniel

Los judíos vivieron en Babilonia durante mucho tiempo bajo las órdenes de los reyes babilonios. Finalmente otro reino, llamado Persia, se hizo cargo de Babilonia, y Darío se convirtió en rey.

Para el control eficaz de su reino, Darío consideró prudente nombrar a ciento veinte sátrapas y tres administradores, uno de los cuales era Daniel. Estos sátrapas eran responsables ante los administradores, a fin de que los intereses del rey no se vieran afectados. Y tanto se distinguió Daniel por sus extraordinarias cualidades administrativas, que el rey pensó en ponerlo al frente de todo el reino.

Entonces los administradores y los sátrapas empezaron a buscar algún motivo para acusar a Daniel de malos manejos en los negocios del reino. Sin embargo, no encontraron de qué acusarlo porque, lejos de ser corrupto o negligente, Daniel era un hombre digno de confianza.

Por eso concluyeron: «Nunca encontraremos nada de qué acusar a Daniel, a no ser algo relacionado con la ley de su Dios.»

Formaron entonces los administradores y sátrapas una

comisión para ir a hablar con el rey, y estando en su presencia le dijeron: —¡Que viva para siempre Su Majestad, el rey Darío! Nosotros los administradores reales, junto con los prefectos, sátrapas, consejeros y gobernadores, convenimos en que Su Majestad debiera emitir y confirmar un decreto que exija que, durante los próximos treinta días, sea arrojado al foso de los leones todo el que adore a cualquier dios u hombre que no sea Su Majestad.

Expida usted ahora ese decreto, y póngalo por escrito. Así, conforme a la ley de los medos y los persas, no podrá ser revocado. El rey Darío expidió el decreto y lo puso por escrito.

Cuando Daniel se enteró de la publicación del decreto, se fue a su casa y subió a su dormitorio, cuyas ventanas se abrían en dirección a Jerusalén. Allí se arrodilló y se puso a orar y alabar a Dios, pues tenía por costumbre orar tres veces al día.

Cuando aquellos hombres llegaron y encontraron a Daniel orando e implorando la ayuda de Dios, fueron a hablar con el rey respecto al decreto real: —¿No es verdad que Su Majestad publicó un decreto? Según entendemos, todo el que en los próximos treinta días adore a otro dios u hombre que no sea Su Majestad, será arrojado al foso de los leones.

—El decreto sigue en pie —contestó el rey—. Según la ley de los medos y los persas, no puede ser derogado.

—¡Pues Daniel —respondieron ellos—, que es uno de los exiliados de Judá, no toma en cuenta a Su Majestad ni al decreto que ha promulgado! ¡Todavía sigue orando a su Dios tres veces al día!

Cuando el rey escuchó esto, se deprimió mucho y se propuso salvar a Daniel, así que durante todo el día buscó la forma de salvarlo.

Pero aquellos hombres fueron a ver al rey y lo presionaron: —No olvide Su Majestad que, según la ley de los medos y los persas, ningún decreto ni edicto emitido por el rey puede ser derogado.

El rey dio entonces la orden, y Daniel fue arrojado al foso de los leones. Allí el rey animaba a Daniel: —¡Que tu Dios, a quien siempre sirves, se digne salvarte!

Trajeron entonces una piedra, y con ella taparon la boca del foso. El rey lo selló con su propio anillo y con el de sus nobles, para que la sentencia contra Daniel no pudiera ser cambiada.

Luego volvió a su palacio y pasó la noche sin comer y sin divertirse, y hasta el sueño se le fue.

Tan pronto como amaneció, se levantó y fue al foso de los leones. Ya cerca, lleno de ansiedad gritó: —Daniel, siervo del Dios viviente, ¿pudo tu Dios, a quien siempre sirves, salvarte de los leones?

—¡Que viva Su Majestad por siempre! —contestó Daniel desde el foso—. Mi Dios envió a su ángel y les cerró la boca a los leones. No me han hecho ningún daño, porque Dios bien sabe que soy inocente. ¡Tampoco he cometido nada malo contra Su Majestad!

Sin ocultar su alegría, el rey ordenó que sacaran del foso a Daniel. Cuando lo sacaron, no se le halló un solo rasguño, pues Daniel confiaba en su Dios.

Daniel, quien fue capturado en Judá por los babilonios, recordaba los mensajes de Jeremías que decían que un día Dios traería a su pueblo de regreso a Judá. Durante su exilio, ellos hablaban de las palabras de Jeremías mientras esperaban que Dios los rescatara. Imagina su esperanza cuando leyeron lo que el Señor le había pedido a Jeremías escribir:

«Así dice el Señor, el Dios de Israel: "Escribe en un libro todas las palabras que te he dicho. Porque vienen días —afirma el Señor— cuando yo haré volver del cautiverio a mi pueblo Israel y Judá, y los traeré a la tierra que di a sus antepasados, y la poseerán"», afirma el Señor.

»"En aquel día —afirma el Señor Todopoderoso—,
     quebraré el yugo que mi pueblo lleva sobre el cuello,
romperé sus ataduras,
     y ya no serán esclavos de extranjeros.

»"No temas, Jacob, siervo mío;
     no te asustes, Israel

—afirma el Señor—.

A ti, Jacob, te libraré de ese país lejano;
     a tus descendientes los libraré del exilio.
Volverás a vivir en paz y tranquilidad,
     y ya nadie te infundirá temor.
Porque yo estoy contigo para salvarte

—afirma el Señor—.

Destruiré por completo a todas las naciones
     entre las que te había dispersado.
Pero a ti no te destruiré del todo,
     sino que te castigaré con justicia;
     ¡de ninguna manera quedarás impune!"

Así dice el Señor Todopoderoso, el Dios de Israel: «Cuando yo cambie su suerte, en la tierra de Judá y en sus ciudades volverá a decirse: »"Monte santo, morada de justicia: ¡que el Señor te bendiga!"

Allí habitarán juntos Judá y todas sus ciudades, los agricultores y los pastores de rebaños. Daré de beber a los sedientos y saciaré a los que estén agotados.»

Así dice el SEÑOR: «Cuando a Babilonia se le hayan cumplido los setenta años, yo los visitaré; y haré honor a mi promesa en favor de ustedes, y los haré volver a este lugar.

Porque yo sé muy bien los planes que tengo para ustedes —afirma el SEÑOR—, planes de bienestar y no de calamidad, a fin de darles un futuro y una esperanza. Entonces ustedes me invocarán, y vendrán a suplicarme, y yo los escucharé. Me buscarán y me encontrarán, cuando me busquen de todo corazón.

Me dejaré encontrar —afirma el SEÑOR—, y los haré volver del cautiverio. Yo los reuniré de todas las naciones y de todos los lugares adonde los haya dispersado, y los haré volver al lugar del cual los deporté», afirma el SEÑOR.

Mientras el pueblo esperaba el día cuando pudieran regresar a su tierra y ser libres de nuevo, Dios comenzó a realizar cosas maravillosas para hacer más corta la espera. Ciro, el rey de Persia, sabía quién era Dios, por eso trató amablemente a su pueblo. Dios le pidió a Ciro que dejara regresar a una parte de su pueblo a Judá para limpiar los escombros y el polvo y convertirla de nuevo en su hogar.

Preguntas para la discusión

1. ¿Alguna vez has sido un niño nuevo en tu escuela o en otra clase de grupo? ¿Qué hiciste para acostumbrarte al nuevo ambiente y las nuevas personas?

2. ¿Alguna vez alguien se ha burlado de ti porque asistes a la iglesia o por orar? ¿Qué hiciste?

3. ¿Alguna vez has tenido miedo y le has pedido a Dios que te cuide? ¿De qué tenías miedo? ¿Te hizo sentir más tranquilo la oración?

19

El retorno a casa

En el primer año del reinado de Ciro, rey de Persia, el Señor dispuso el corazón del rey para que éste promulgara un decreto en todo su reino y así se cumpliera la palabra del Señor por medio del profeta Jeremías. Tanto oralmente como por escrito, el rey decretó lo siguiente:

«Esto es lo que ordena Ciro, rey de Persia:

»El Señor, Dios del cielo, que me ha dado todos los reinos de la tierra, me ha encargado que le construya un templo en la ciudad de Jerusalén, que está en Judá. Por tanto, cualquiera que pertenezca a Judá, vaya a Jerusalén a construir el templo del Señor, Dios de Israel, el Dios que habita en Jerusalén; y que Dios lo acompañe.

También ordeno que los habitantes de cada lugar donde haya judíos sobrevivientes los ayuden dándoles plata y oro, bienes y ganado, y ofrendas voluntarias para el templo de Dios en Jerusalén.»

Entonces los jefes de familia de Benjamín y de Judá, junto con los sacerdotes y levitas, es decir, con todos aquellos en cuyo corazón Dios puso el deseo de construir el templo, se dispusieron a ir a Jerusalén.

Todos sus vecinos los ayudaron con plata y oro, bienes y ganado, objetos valiosos y todo tipo de ofrendas voluntarias.

Además, el rey Ciro hizo sacar los utensilios que Nabucodonosor se había llevado del templo del Señor en Jerusalén y había depositado en el templo de su dios.

Un sacerdote llamado Jesúa y un líder de nombre Zorobabel guiaron a cuarenta y dos mil personas de regreso a Judá. El pueblo estaba ansioso por regresar a Jerusalén, aun cuando sus casas estaban en ruinas y necesitaban ser reconstruidas. Había mucho por hacer, sin embargo, lo primero que el pueblo quería era reconstruir el templo. El templo era muy importante porque significaba que Dios estaría de nuevo con el pueblo. Además, tendrían un lugar para mostrarle a Dios lo felices que estaban de hallarse de nuevo en casa.

Cuando los constructores echaron los cimientos del templo del Señor, los sacerdotes llegaron con sus vestimentas sagradas y los levitas descendientes de Asaf, con sus platillos, ocuparon su lugar para alabar al Señor, según lo establecido por David, rey de Israel. Todos daban gracias al Señor, y a una le cantaban esta alabanza:

«Dios es bueno;
  su gran amor por Israel perdura para siempre.»

Y todo el pueblo alabó con grandes aclamaciones al Señor, porque se habían echado los cimientos del templo.

Muchos de los sacerdotes, levitas y jefes de familia, que eran ya ancianos y habían conocido el primer templo, prorrumpieron en llanto cuando vieron los cimientos del nuevo templo, mientras muchos otros gritaban de alegría.

Y no se podía distinguir entre los gritos de alegría y las voces de llanto, pues la gente gritaba a voz en cuello, y el ruido se escuchaba desde muy lejos.

Entonces los habitantes de la región comenzaron a desanimar e intimidar a los de Judá para que abandonaran la reconstrucción. Y hasta llegaron a sobornar a algunos de los consejeros para impedirles llevar a cabo sus planes. Esto sucedió durante todo el reinado de Ciro, rey de Persia, y hasta el reinado de Darío, que también fue rey de Persia.

De este modo el trabajo de reconstrucción del templo de Dios en Jerusalén quedó suspendido hasta el año segundo del reinado de Darío, rey de Persia.

Dios sabía que la construcción del templo era muy importante. Así que envió a Hageo, otro profeta, a decirle al pueblo que comenzaran a trabajar de nuevo en su reconstrucción. Hageo dijo:

«Así dice el Señor Todopoderoso: "Este pueblo alega que todavía no es el momento apropiado para ir a reconstruir la casa del Señor."»

También vino esta palabra del Señor por medio del profeta Hageo:

«¿Acaso es el momento apropiado
    para que ustedes residan en casas techadas
    mientras que esta casa está en ruinas?»

Así dice ahora el Señor Todopoderoso:
    «¡Reflexionen sobre su proceder!
    »Ustedes siembran mucho, pero cosechan poco;
        comen, pero no quedan satisfechos;
    beben, pero no llegan a saciarse;
        se visten, pero no logran abrigarse;
    y al jornalero se le va su salario
        como por saco roto.»

Así dice el Señor Todopoderoso:
    «¡Reflexionen sobre su proceder!

    »Vayan ustedes a los montes;
        traigan madera y reconstruyan mi casa.

Yo veré su reconstrucción con gusto,
  y manifestaré mi gloria

—dice el Señor—.

»Ustedes esperan mucho,
  pero cosechan poco;
lo que almacenan en su casa,
  yo lo disipo de un soplo.
¿Por qué? ¡Porque mi casa está en ruinas,
mientras ustedes sólo se ocupan de la suya!

—afirma el Señor Todopoderoso—.

»Por eso, por culpa de ustedes, los cielos retuvieron el rocío y la tierra se negó a dar sus productos. Yo hice venir una sequía sobre los campos y las montañas, sobre el trigo y el vino nuevo, sobre el aceite fresco y el fruto de la tierra, sobre los animales y los hombres, y sobre toda la obra de sus manos.»

Hageo entregó el mensaje a hombres que amaban a Dios y ellos de inmediato decidieron ayudar a reconstruir el templo. Tenían que construir un templo que fuera tan magnífico, tan grande y tan laminado en oro como el que Salomón había construido muchos años antes. Dios quería las cosas exactamente iguales a las que tenían cuando Judá lo amaba.

El Señor envió a otro profeta llamado Zacarías a decirle al pueblo cómo necesitaba que fuera el templo y a animarlos a trabajar fuerte. También les recordó que Dios siempre los amaría. Dios le pidió a Zacarías decirle al pueblo:

«Así dice el Señor Todopoderoso:
  »"Siento grandes celos por Sión.
    Son tantos mis celos por ella
    que me llenan de furia."

»Así dice el Señor:
  »"Regresaré a Sión,
    y habitaré en Jerusalén.
  Y Jerusalén será conocida
    como la Ciudad de la Verdad,

y el monte del Señor Todopoderoso
como el Monte de la Santidad."

»Así dice el Señor Todopoderoso:
»"Los ancianos y las ancianas volverán a sentarse
en las calles de Jerusalén,
cada uno con su bastón en la mano
debido a su avanzada edad.
Los niños y las niñas volverán a jugar
en las calles de la ciudad."

»Así dice el Señor Todopoderoso:
»"Al remanente de este pueblo
podrá parecerle imposible en aquellos días,
¿pero también a mí me parecerá imposible?,
afirma el Señor Todopoderoso."

»Así dice el Señor Todopoderoso:
»"Salvaré a mi pueblo
de los países de oriente y de occidente.
Los haré volver
para que vivan en Jerusalén;
ellos serán mi pueblo
y yo seré su Dios,
en la verdad y en la justicia."

»Así dice el Señor Todopoderoso:
»"¡Cobren ánimo, ustedes,
los que en estos días han escuchado
las palabras de los profetas,
mientras se echan los cimientos
para la reconstrucción del templo
del Señor Todopoderoso!

Porque antes de estos días
ni los hombres recibían su jornal
ni los animales su alimento.
Por culpa del enemigo
tampoco los viajeros tenían seguridad,

pues yo puse a la humanidad entera
en contra de sus semejantes.
Pero ya no trataré al remanente
de este pueblo
como lo hice en el pasado
—afirma el SEÑOR Todopoderoso—.

Habrá paz cuando se siembre,
y las vides darán su fruto;
la tierra producirá sus cosechas
y el cielo enviará su rocío.
Todo esto se lo daré como herencia
al remanente de este pueblo.

Judá e Israel,
¡no teman, sino cobren ánimo!
Ustedes han sido entre las naciones
objeto de maldición,
pero yo los salvaré,
y serán una bendición."

»"Lo que ustedes deben hacer
es decirse la verdad,
y juzgar en sus tribunales
con la verdad y la justicia.
¡Eso trae la paz!
No maquinen el mal contra su prójimo,
ni sean dados al falso testimonio,
porque yo aborrezco todo eso,

afirma el SEÑOR."»

»Así dice el SEÑOR Todopoderoso:
»"Todavía vendrán pueblos
y habitantes de muchas ciudades,
que irán de una ciudad a otra
diciendo a los que allí vivan:
'¡Vayamos al SEÑOR para buscar su bendición!
¡Busquemos al SEÑOR Todopoderoso!
¡Yo también voy a buscarlo!'

Y muchos pueblos y potentes naciones
    vendrán a Jerusalén
en busca del Señor Todopoderoso
    y de su bendición."

Construir el templo era un trabajo difícil. Muchos de los que vivían en Judá mientras el pueblo estaba en el exilio no querían que los judíos construyeran el templo. Ellos molestaban a los trabajadores y le escribían cartas al rey Darío para que no les permitiera a los judíos seguir con la construcción. Los judíos les dijeron a sus enemigos que Ciro los había enviado. Ellos le contaron al pueblo lo que él les había dado antes de abandonar Babilonia.

»Pero más tarde, en el primer año de su reinado, Ciro, rey de Babilonia, ordenó que este templo de Dios fuera reconstruido. También hizo sacar del templo de Babilonia los utensilios de oro y de plata que Nabucodonosor se había llevado del templo de Jerusalén y había puesto en el templo de Babilonia, y se los entregó a Sesbasar, a quien había nombrado gobernador.

Ciro, pues, ordenó a Sesbasar que tomara esos utensilios y los devolviera al templo de Jerusalén, y que reedificara en el mismo sitio el templo de Dios.

Entonces Sesbasar llegó a Jerusalén y echó los cimientos del templo de Dios. Desde entonces se ha estado trabajando en su reconstrucción, pero aún no se ha terminado.»

Ahora bien, si Su Majestad lo considera conveniente, pedimos que se investiguen los archivos donde están las crónicas de los reyes de Babilonia, para saber si es verdad que el rey Ciro ordenó la reconstrucción del templo de Dios en Jerusalén. Además solicitamos que se nos dé a conocer la decisión de Su Majestad con respecto a este asunto.

Darío investigó en los archivos del reino y encontró una carta de Ciro acerca de los judíos y el templo. Los judíos tenían razón, ellos contaban con el permiso para la construcción del templo. Darío entonces les dijo a los alborotadores que dejaran en paz a los judíos.

Así los dirigentes judíos pudieron continuar y terminar la obra de reconstrucción, conforme a la palabra de los profetas Hageo y Zacarías [...]

Terminaron, pues, la obra de reconstrucción, según el mandato del Dios de Israel [...]

Entonces los israelitas —es decir, los sacerdotes, los levitas y los demás que regresaron del cautiverio—, llenos de júbilo dedicaron el templo de Dios. Como ofrenda de dedicación, ofrecieron a Dios cien becerros, doscientos carneros, cuatrocientos corderos y doce chivos, conforme al número de las tribus de Israel, para expiación por el pecado del pueblo.

Luego, según lo que está escrito en el libro de Moisés, instalaron a los sacerdotes en sus turnos y a los levitas en sus funciones, para el culto que se ofrece a Dios en Jerusalén.

Preguntas para la discusión

1. ¿Cuándo fue la última vez que ayudaste a un vecino (o que un vecino te ayudó a ti)? ¿De qué manera ayudaste? ¿Cómo te sentiste al recibir ayuda?

2. ¿Cuándo fue la última vez que te sentiste decepcionado? (Puede ser porque tu equipo perdió un juego, la nueva película no fue tan buena o tu maestro fue transferido). ¿Cómo puedes usar tu fe para obtener consuelo ante esa decepción?

3. Si un amigo o amiga te pregunta si te gusta la ropa que lleva puesta y a ti no te agrada, ¿qué dirías (sin mentir)? ¿Existen momentos en los que está bien mentir?

20

La reina de belleza
y valor

Asuero se convirtió en rey de Persia. Él quería una nueva esposa para que fuera su reina. Sus ayudantes trajeron jóvenes al palacio de todas partes del reino para ver cuál le gustaba más al rey.

Un hombre llamado Mardoqueo vivía cerca del palacio con su prima, Ester. (Los padres de Ester habían muerto, por eso él se había hecho cargo de ella). Debido a que Ester era tan hermosa, fue llevada al palacio, donde recibió tratamientos de belleza y alimentos especiales para que así luciera realmente agradable al rey.

Ester era popular entre los funcionarios del palacio, sin embargo, ella tenía un secreto: era judía.

Ester no reveló su nacionalidad ni sus antecedentes familiares, porque Mardoqueo se lo había prohibido.

Éste se paseaba diariamente frente al patio del harén para saber cómo le iba a Ester y cómo la trataban.

Ahora bien, para poder presentarse ante el rey, una joven tenía que completar los doce meses de tratamiento de belleza prescritos: seis meses con aceite de mirra, y seis con perfumes y cosméticos.

Ester fue llevada al palacio real ante el rey Asuero [...]

El rey se enamoró de Ester más que de todas las demás mujeres [...] Así que él le ciñó la corona real y la proclamó reina [...]

Luego el rey ofreció un gran banquete en honor de Ester para todos sus funcionarios y servidores. Declaró un día de fiesta en todas las provincias y distribuyó regalos con generosidad digna de un rey.

El rey tenía un oficial llamado Amán que ocupaba un puesto con más poder que cualquier otro en el reino, a excepción del rey. A Amán le gustaba tener poder. Si alguien no hacía lo que él quería, lo castigaba.

Después de estos acontecimientos, el rey Asuero honró a Amán hijo de Hamedata, el descendiente de Agag, ascendiéndolo a un puesto más alto que el de todos los demás funcionarios que estaban con él. Todos los servidores de palacio asignados a la puerta del rey se arrodillaban ante Amán, y le rendían homenaje, porque así lo había ordenado el rey.

Pero Mardoqueo no se arrodillaba ante él ni le rendía homenaje.

Entonces los servidores de palacio asignados a la puerta del rey le preguntaron a Mardoqueo: «¿Por qué desobedeces la orden del rey?» Día tras día se lo reclamaban; pero él no les hacía caso. Por eso lo denunciaron a Amán para ver si seguía tolerándose la conducta de Mardoqueo, ya que éste les había confiado que era judío.

Cuando Amán se dio cuenta de que Mardoqueo no se arrodillaba ante él ni le rendía homenaje, se enfureció. Y cuando le informaron a qué pueblo pertenecía Mardoqueo, desechó la idea de matarlo sólo a él y buscó la manera de exterminar a todo el pueblo de Mardoqueo, es decir, a los judíos que vivían por todo el reino de Asuero.

Entonces Amán le dijo al rey Asuero: —Hay cierto pueblo disperso y diseminado entre los pueblos de todas las provincias del reino, cuyas leyes y costumbres son diferentes de las de todos los demás. ¡No obedecen las leyes del reino, y a Su Majestad no le conviene tolerarlos!

Si le parece bien, emita Su Majestad un decreto para aniquilarlos [...]

[...] —Le dijo el rey a Amán—, y haz con ese pueblo lo que mejor te parezca.

[...] Se convocó a los secretarios del rey. Redactaron en la escritura [...] todo lo que Amán ordenaba [...]

Amán era un hombre malvado. Solo porque Mardoqueo no se arrodillaba ante él, ¡planeó matar a todos los judíos! El rey Asuero dictó la ley porque confiaba en Amán, por eso dio la orden de que todo el pueblo judío muriera.

Mardoqueo estaba muy asustado. Él le contó a la reina Ester lo que les iba a pasar a todos los judíos. Y como nadie sabía que Ester era judía y el rey la amaba mucho, Mardoqueo quería que Ester le pidiera al rey detener la ley para que ningún judío muriera.

Ahora Ester estaba asustada. No se suponía que el pueblo le dijera al rey lo que debía hacer. ¿Qué le haría el rey Asuero si se enojaba con ella?

[...] Ester se puso sus vestiduras reales y fue a pararse en el patio interior del palacio, frente a la sala del rey. El rey estaba sentado allí en su trono real, frente a la puerta de entrada.

Cuando vio a la reina Ester de pie en el patio, se mostró complacido con ella y le extendió el cetro de oro que tenía en la mano. Entonces Ester se acercó y tocó la punta del cetro.

El rey le preguntó: —¿Qué te pasa, reina Ester? ¿Cuál es tu petición? ¡Aun cuando fuera la mitad del reino, te lo concedería!

—Si le parece bien a Su Majestad —respondió Ester—, venga hoy al banquete que ofrezco en su honor, y traiga también a Amán.

—Vayan de inmediato por Amán, para que podamos cumplir con el deseo de Ester —ordenó el rey.

Así que el rey y Amán fueron al banquete que ofrecía Ester. [...] El rey volvió a preguntarle a Ester: —Dime qué deseas, y te lo concederé. ¿Cuál es tu petición? ¡Aun cuando fuera la mitad del reino, te lo concedería!

Ester respondió: —Mi deseo y petición es que, [...] venga mañana con Amán al banquete que les voy a ofrecer, y entonces le daré la respuesta.

Al día siguiente...

El rey y Amán fueron al banquete de la reina Ester, [...] el rey le preguntó otra vez: —Dime qué deseas, reina Ester, y te lo concederé. ¿Cuál es tu petición? ¡Aun cuando fuera la mitad del reino, te lo concedería!

Ester respondió: —Si me he ganado el favor de Su Majestad, y si le parece bien, mi deseo es que me conceda la vida. Mi petición es que se compadezca de mi pueblo.

Porque a mí y a mi pueblo se nos ha vendido para exterminio, muerte y aniquilación. Si sólo se nos hubiera vendido como esclavos, yo me habría quedado callada, pues tal angustia no sería motivo suficiente para inquietar a Su Majestad.

El rey le preguntó: —¿Y quién es ése que se ha atrevido a concebir semejante barbaridad? ¿Dónde está?

—¡El adversario y enemigo es este miserable de Amán! —respondió Ester.

Amán quedó aterrorizado ante el rey y la reina.

¡Ester lo logró! Salvó a todo el pueblo judío del detestable Amán. El rey Asuero castigó a Amán y cuando se enteró de que Mardoqueo era primo de Ester, le dio el antiguo trabajo de Amán. El pueblo de Dios se mantuvo a salvo.

Preguntas para la discusión

1. Si pudieras ser rey o reina por un día y hacer tres cosas, ¿cuáles serían?

2. Si ves que alguien es excluido, ¿qué cosa puedes hacer?

3. ¿Qué consideras que es lo más asombroso de Dios?

21

Se reconstruyen los muros

Aproximadamente sesenta años después de construido el templo en Jerusalén, el rey de Persia les dijo a los judíos que podían regresar a Judá. Uno de estos judíos, llamado Esdras, era sacerdote, y por esta razón el rey quería que ayudara en el templo. Él le entregó a Esdras plata, oro y animales para el sacrificio, de manera que el pueblo pudiera adorar de inmediato a Dios.

Después que sucedieron todas estas cosas, Esdras vino a Jerusalén desde Babilonia. Esto fue durante el reinado de Artajerjes, rey de Persia.

[…] Regresaron a Jerusalén algunos israelitas, entre los cuales había sacerdotes, levitas, cantores, porteros y servidores del templo. Esto sucedió en el séptimo año del reinado de Artajerjes.

Esdras se había dedicado por completo a estudiar la ley del Señor, a ponerla en práctica y a enseñar sus preceptos y normas a los israelitas.

[…] Esdras, quien era sacerdote y maestro de los mandamientos y preceptos que el Señor le dio a Israel.

143

Algunos de entre los del pueblo de Dios que ayudaron a reconstruir Jerusalén se casaron con gente pecadora que vivía en la zona (y estas personas adoraban dioses falsos). Esdras oró a Dios por perdón. Cuando el pueblo vio lo que Esdras estaba haciendo, se arrepintieron y pidieron perdón.

El pueblo estaba haciendo la voluntad de Dios, sin embargo, no habían terminado la reconstrucción de las ciudades. Cuando un hombre llamado Nehemías escuchó que Jerusalén aún no estaba completamente reconstruida, se molestó mucho. Debido a que Nehemías era un copero del rey persa, le pidió permiso al rey para regresar a Judá a reconstruir las murallas de la ciudad. Esto es lo que Nehemías escribió:

Llegó Jananí, uno de mis hermanos, junto con algunos hombres de Judá. Entonces les pregunté por el resto de los judíos que se habían librado del destierro, y por Jerusalén.

Me respondieron: «Los que se libraron del destierro y se quedaron en la provincia están enfrentando una gran calamidad y humillación. La muralla de Jerusalén sigue derribada, con sus puertas consumidas por el fuego.»

Al escuchar esto, me senté a llorar; hice duelo por algunos días, ayuné y oré al Dios del cielo. Le dije: «Señor, Dios del cielo, grande y temible, que cumples el pacto y eres fiel con los que te aman y obedecen tus mandamientos, te suplico que me prestes atención, que fijes tus ojos en este siervo tuyo que día y noche ora en favor de tu pueblo Israel. Confieso que los israelitas, entre los cuales estamos incluidos mi familia y yo, hemos pecado contra ti.

Señor, te suplico que escuches nuestra oración [...]

Dios sabía que Nehemías ayudaría al pueblo en Jerusalén, así que contestó su oración. Pronto Nehemías estuvo a cargo de la reconstrucción de las murallas. Él tenía un plan para hacerlo, aunque las cosas no siempre fueron fáciles. Nehemías dijo:

«¡Escucha, Dios nuestro,
cómo se burlan de nosotros!

Haz que sus ofensas recaigan sobre ellos mismos:
entrégalos a sus enemigos;
¡que los lleven en cautiverio!
No pases por alto su maldad
ni olvides sus pecados,
porque insultan a los que reconstruyen.»

Continuamos con la reconstrucción y levantamos la muralla hasta media altura, pues el pueblo trabajó con entusiasmo.

El pueblo trabajó fuerte y avanzó mucho con la muralla, sin embargo, la gente que vivía cerca de los judíos quería detener la construcción. Hicieron planes para destruir todo el trabajo de Nehemías y sus ayudantes. No obstante, Nehemías no se daría por vencido; él sabía que tenía que terminar la muralla y sabía que Dios no permitiría que fracasara. Esto es algo más de lo que Nehemías escribió:

Así que puse a la gente por familias, con sus espadas, arcos y lanzas, detrás de las murallas, en los lugares más vulnerables y desguarnecidos.

Luego de examinar la situación, me levanté y dije a los nobles y gobernantes, y al resto del pueblo: «¡No les tengan miedo! Acuérdense del Señor, que es grande y temible, y peleen por sus hermanos, por sus hijos e hijas, y por sus esposas y sus hogares.»

Una vez que nuestros enemigos se dieron cuenta de que conocíamos sus intenciones y de que Dios había frustrado sus planes, todos regresamos a la muralla, cada uno a su trabajo.

A partir de aquel día la mitad de mi gente trabajaba en la obra, mientras la otra mitad permanecía armada con lanzas, escudos, arcos y corazas. Los jefes estaban pendientes de toda la gente de Judá. Tanto los que reconstruían la muralla como los que acarreaban los materiales, no descuidaban ni la obra ni la defensa. Todos los que trabajaban en la reconstrucción llevaban la espada a la cintura. A mi lado estaba el encargado de dar el toque de alarma.

Yo les había dicho a los nobles y gobernantes, y al resto del pueblo: «La tarea es grande y extensa, y nosotros estamos muy esparcidos en la muralla, distantes los unos de los otros. Por eso, al oír el toque de alarma, cerremos filas. ¡Nuestro Dios peleará por nosotros!»

Así que, desde el amanecer hasta que aparecían las estrellas, mientras trabajábamos en la obra, la mitad de la gente montaba guardia lanza en mano. En aquella ocasión también le dije a la gente: «Todos ustedes, incluso los ayudantes, quédense en Jerusalén para que en la noche sirvan de centinelas y de día trabajen en la obra.»

Ni yo ni mis parientes y ayudantes, ni los de mi guardia personal, nos desvestíamos para nada: cada uno de nosotros se mantenía listo para la defensa.

¡Finalmente Jerusalén, la ciudad santa de Dios, tenía una muralla para su protección! Al fin estaba concluida y era hora de celebrar. Fue así como el pueblo tuvo su primer culto de adoración en Jerusalén.

Entonces todo el pueblo, como un solo hombre, se reunió en la plaza que está frente a la puerta del Agua y le pidió al maestro Esdras traer el libro de la ley que el Señor le había dado a Israel por medio de Moisés.

Así que el día primero del mes séptimo, el sacerdote Esdras llevó la ley ante la asamblea, que estaba compuesta de hombres y mujeres y de todos los que podían comprender la lectura, y la leyó en presencia de ellos en la plaza que está frente a la puerta del Agua. Todo el pueblo estaba muy atento a la lectura del libro de la ley.

Esdras, a quien la gente podía ver porque él estaba en un lugar más alto, abrió el libro y todo el pueblo se puso de pie. Entonces Esdras bendijo al Señor, el gran Dios. Y todo el pueblo, levantando las manos, respondió: «¡Amén y amén!». Luego adoraron al Señor, inclinándose hasta tocar el suelo con la frente.

Al oír las palabras de la ley, la gente comenzó a llorar. Por eso el gobernador Nehemías, el sacerdote y maestro Esdras, y los levitas que enseñaban al pueblo, les dijeron: «No lloren ni se pongan tristes, porque este día ha sido consagrado al Señor su Dios.»

Se reconstruyen los muros

Luego Nehemías añadió: «Ya pueden irse. Coman bien, tomen bebidas dulces y compartan su comida con quienes no tengan nada, porque este día ha sido consagrado a nuestro Señor. No estén tristes, pues el gozo del Señor es nuestra fortaleza.»

Así que todo el pueblo se fue a comer y beber y compartir su comida, felices de haber comprendido lo que se les había enseñado.

Muchos de los judíos que estaban en Babilonia regresaron a Judá y se establecieron allí. Pasaron cuatrocientos años y de vez en cuando distintos países lucharon contra Judá. El Imperio Romano era la máxima potencia en el mundo. Los romanos tomaron la tierra de Judá y obligaron a los judíos a obedecer sus reglas. Durante esta difícil época para los judíos, Dios estaba trabajando en su plan. Muy pronto, se haría realidad la promesa que él le había hecho a Isaías. El Mesías llegaría.

Preguntas para la discusión

1. ¿Alguna vez has trabajado muy fuerte en un proyecto o una tarea solo para perderlo todo antes de haber terminado y tener que volver a comenzar de nuevo? ¿Qué sucedió y cómo te sentiste?

2. ¿De qué manera te gusta celebrar los cumpleaños o los días festivos? ¿Son tradiciones familiares o tus gustos e ideas personales?

3. ¿Alguna vez has celebrado lo que Dios te ha dado y lo que hace por ti? ¿Cómo lo celebras?

22

El nacimiento de un Rey

Juan escribió acerca de Jesús llamándolo «el Verbo». Cada vez que escuches o leas «el Verbo», puedes reemplazarlo por «Jesús». Esto es lo que Juan escribió:

En el principio ya existía el Verbo,
   y el Verbo estaba con Dios,
   y el Verbo era Dios.
Él estaba con Dios en el principio.

Por medio de él todas las cosas fueron creadas;
   sin él, nada de lo creado llegó a existir.
En él estaba la vida,
   y la vida era la luz de la humanidad.
Esta luz resplandece en las tinieblas,
   y las tinieblas no han podido extinguirla.

Esa luz verdadera, la que alumbra a todo ser humano, venía a este mundo.

El que era la luz ya estaba en el mundo, y el mundo fue creado por medio de él, pero el mundo no lo reconoció. Vino a lo que era suyo, pero los suyos no lo recibieron.

Mas a cuantos lo recibieron, a los que creen en su nombre, les dio el derecho de ser hijos de Dios. Éstos no nacen de la sangre, ni por deseos naturales, ni por voluntad humana, sino que nacen de Dios.

Y el Verbo se hizo hombre y habitó entre nosotros. Y hemos contemplado su gloria, la gloria que corresponde al Hijo unigénito del Padre, lleno de gracia y de verdad.

[…] La ley fue dada por medio de Moisés, mientras que la gracia y la verdad nos han llegado por medio de Jesucristo. A Dios nadie lo ha visto nunca; el Hijo unigénito, que es Dios y que vive en unión íntima con el Padre, nos lo ha dado a conocer.

Esta es la historia del nacimiento de Jesús según Lucas:

[…] Dios envió al ángel Gabriel a Nazaret, pueblo de Galilea, a visitar a una joven virgen comprometida para casarse con un hombre que se llamaba José, descendiente de David. La virgen se llamaba María. El ángel se acercó a ella y le dijo:
—¡Te saludo, tú que has recibido el favor de Dios! El Señor está contigo.

Ante estas palabras, María se perturbó, y se preguntaba qué podría significar este saludo. —No tengas miedo, María; Dios te ha concedido su favor —le dijo el ángel—. Quedarás encinta y darás a luz un hijo, y le pondrás por nombre Jesús. Él será un gran hombre, y lo llamarán Hijo del Altísimo. Dios el Señor le dará el trono de su padre David, y reinará sobre el pueblo de Jacob para siempre. Su reinado no tendrá fin.

—¿Cómo podrá suceder esto —le preguntó María al ángel—, puesto que soy virgen?

—El Espíritu Santo vendrá sobre ti, y el poder del Altísimo te cubrirá con su sombra. Así que al santo niño que va a nacer lo llamarán Hijo de Dios.

—Aquí tienes a la sierva del Señor —contestó María—. Que él haga conmigo como me has dicho. Con esto, el ángel la dejó.

Entonces dijo María:
—Mi alma glorifica al Señor,

y mi espíritu se regocija en Dios mi Salvador,
porque se ha dignado fijarse en su humilde sierva.
Desde ahora me llamarán dichosa todas las generaciones,
porque el Poderoso ha hecho grandes cosas por mí.
¡Santo es su nombre!
De generación en generación
se extiende su misericordia a los que le temen.
Hizo proezas con su brazo;
desbarató las intrigas de los soberbios.
De sus tronos derrocó a los poderosos,
mientras que ha exaltado a los humildes.
A los hambrientos los colmó de bienes,
y a los ricos los despidió con las manos vacías.
Acudió en ayuda de su siervo Israel
y, cumpliendo su promesa a nuestros padres,
mostró su misericordia a Abraham
y a su descendencia para siempre.

A pesar de que José y María estaban comprometidos, aún no estaban casados y ninguno de los dos había intentado tener un bebé. Por eso, cuando María le dijo a José que estaba embarazada, él se sorprendió. Después de todo, María fue la primera y única mujer que Dios hizo que quedara embarazada de esta manera especial.

Como José, su esposo, era un hombre justo y no quería exponerla a vergüenza pública, resolvió divorciarse de ella en secreto.

Pero cuando él estaba considerando hacerlo, se le apareció en sueños un ángel del Señor y le dijo: «José, hijo de David, no temas recibir a María por esposa, porque ella ha concebido por obra del Espíritu Santo. Dará a luz un hijo, y le pondrás por nombre Jesús, porque él salvará a su pueblo de sus pecados.»

Todo esto sucedió para que se cumpliera lo que el Señor había dicho por medio del profeta: «La virgen concebirá y dará a luz un hijo, y lo llamarán Emanuel» (que significa «Dios con nosotros»).

Cuando José se despertó, hizo lo que el ángel del Señor le había mandado y recibió a María por esposa.

Por aquellos días Augusto César decretó que se levantara un censo en todo el imperio romano. Así que iban todos a inscribirse, cada cual a su propio pueblo.

También José, que era descendiente del rey David, subió de Nazaret, ciudad de Galilea, a Judea. Fue a Belén, la ciudad de David, para inscribirse junto con María su esposa. Ella se encontraba encinta y, mientras estaban allí, se le cumplió el tiempo.

Así que dio a luz a su hijo primogénito. Lo envolvió en pañales y lo acostó en un pesebre, porque no había lugar para ellos en la posada.

En esa misma región había unos pastores que pasaban la noche en el campo, turnándose para cuidar sus rebaños. Sucedió

que un ángel del Señor se les apareció. La gloria del Señor los envolvió en su luz, y se llenaron de temor.

Pero el ángel les dijo: «No tengan miedo. Miren que les traigo buenas noticias que serán motivo de mucha alegría para todo el pueblo. Hoy les ha nacido en la ciudad de David un Salvador, que es Cristo el Señor. Esto les servirá de señal: Encontrarán a un niño envuelto en pañales y acostado en un pesebre.»

De repente apareció una multitud de ángeles del cielo, que alababan a Dios y decían:

«Gloria a Dios en las alturas,
    y en la tierra paz a los que gozan de su buena
    voluntad.»

Cuando los ángeles se fueron al cielo, los pastores se dijeron unos a otros: «Vamos a Belén, a ver esto que ha pasado y que el Señor nos ha dado a conocer.»

Así que fueron de prisa y encontraron a María y a José, y al niño que estaba acostado en el pesebre. Cuando vieron al niño, contaron lo que les habían dicho acerca de él, y cuantos lo oyeron se asombraron de lo que los pastores decían.

María, por su parte, guardaba todas estas cosas en su corazón y meditaba acerca de ellas.

Los pastores regresaron glorificando y alabando a Dios por lo que habían visto y oído, pues todo sucedió tal como se les había dicho.

Después de que Jesús nació en Belén de Judea en tiempos del rey Herodes, llegaron a Jerusalén unos sabios procedentes del Oriente. —¿Dónde está el que ha nacido rey de los judíos? —preguntaron—. Vimos levantarse su estrella y hemos venido a adorarlo.

Cuando lo oyó el rey Herodes, se turbó, y toda Jerusalén con él.

El rey Herodes tenía miedo de que Jesús se convirtiera en rey y tomara su lugar. Por eso decidió deshacerse de Jesús. Cuando Dios le dijo a José lo que Herodes quería hacer, él huyó con su familia a Egipto para que Jesús estuviera a salvo. Cuando finalmente Herodes murió, ellos regresaron a su tierra.

Los padres de Jesús subían todos los años a Jerusalén para la fiesta de la Pascua. Cuando cumplió doce años, fueron allá según era la costumbre.

Terminada la fiesta, emprendieron el viaje de regreso, pero el niño Jesús se había quedado en Jerusalén, sin que sus padres se dieran cuenta. Ellos, pensando que él estaba entre el grupo de viajeros, hicieron un día de camino mientras lo buscaban entre los parientes y conocidos.

Al no encontrarlo, volvieron a Jerusalén en busca de él. Al cabo de tres días lo encontraron en el templo, sentado entre los maestros, escuchándolos y haciéndoles preguntas. Todos los que le oían se asombraban de su inteligencia y de sus respuestas.

Cuando lo vieron sus padres, se quedaron admirados. —Hijo, ¿por qué te has portado así con nosotros? —le dijo su madre—. ¡Mira que tu padre y yo te hemos estado buscando angustiados!

—¿Por qué me buscaban? ¿No sabían que tengo que estar en la casa de mi Padre? Pero ellos no entendieron lo que les decía.

Así que Jesús bajó con sus padres a Nazaret y vivió sujeto a ellos. Pero su madre conservaba todas estas cosas en el corazón. Jesús siguió creciendo en sabiduría y estatura, y cada vez más gozaba del favor de Dios y de toda la gente.

Preguntas para la discusión

1. ¿Conoces a alguien que tenga un bebé o un niño pequeño? ¿Sabes cómo eras tú de bebé o cuando eras un niño pequeño? Cuenta una historia sobre ti mismo que alguien te haya contado o habla sobre algún recuerdo que tengas de ti cuando estabas pequeño.

2. ¿Alguna vez te has perdido? ¿Cómo sucedió y qué hiciste?

3. ¿Cómo puedes llegar a ser «más agradable a Dios y a las personas» (como fue Jesús mientras crecía)?

23

Comienza el ministerio de Jesús

La Biblia no nos dice qué hizo Jesús entre las edades de doce a treinta años. Probablemente Jesús aprendió el oficio de carpintero como José y jugaba con sus amigos. Uno de esos amigos pudo haber sido su primo Juan, que era también una persona muy especial para Dios. Por la época en que el ángel visitó a María, también visitó a los padres de Juan para decirles que su nacimiento sería pronto. Igualmente les dijo que Juan sería el que le anunciaría al mundo que el Mesías, Jesús, al fin había llegado.

En aquellos días se presentó Juan el Bautista predicando en el desierto de Judea.

Decía: «Arrepiéntanse, porque el reino de los cielos está cerca.»

La ropa de Juan estaba hecha de pelo de camello. Llevaba puesto un cinturón de cuero y se alimentaba de langostas y miel silvestre. Acudía a él la gente de Jerusalén, de toda Judea y de toda la región del Jordán. Cuando confesaban sus pecados, él los bautizaba en el río Jordán.

Un día Jesús fue de Galilea al Jordán para que Juan lo bautizara. Pero Juan trató de disuadirlo. —Yo soy el que necesita ser bautizado por ti, ¿y tú vienes a mí? —objetó.

—Dejémoslo así por ahora, pues nos conviene cumplir con lo que es justo —le contestó Jesús. Entonces Juan consintió.

Tan pronto como Jesús fue bautizado, subió del agua. En ese momento se abrió el cielo, y él vio al Espíritu de Dios bajar como una paloma y posarse sobre él.

Y una voz del cielo decía: «Éste es mi Hijo amado; estoy muy complacido con él.»

Luego el Espíritu llevó a Jesús al desierto para que el diablo lo sometiera a tentación. Después de ayunar cuarenta días y cuarenta noches, tuvo hambre.

El tentador se le acercó y le propuso: —Si eres el Hijo de Dios, ordena a estas piedras que se conviertan en pan.

Jesús le respondió: —Escrito está: "No sólo de pan vive el hombre, sino de toda palabra que sale de la boca de Dios."

Luego el diablo lo llevó a la ciudad santa e hizo que se pusiera de pie sobre la parte más alta del templo, y le dijo: —Si eres el Hijo de Dios, tírate abajo. Porque escrito está:

> "Ordenará que sus ángeles
>   te sostengan en sus manos,
> para que no tropieces con piedra alguna."

—También está escrito: "No pongas a prueba al Señor tu Dios" —le contestó Jesús.

De nuevo lo tentó el diablo, llevándolo a una montaña muy alta, y le mostró todos los reinos del mundo y su esplendor. —Todo esto te daré si te postras y me adoras.

—¡Vete, Satanás! —le dijo Jesús—. Porque escrito está: "Adora al Señor tu Dios y sírvele solamente a él."

Entonces el diablo lo dejó, y unos ángeles acudieron a servirle.

Después de haber sido tentado en el desierto, Jesús comenzó a predicarles a las personas. Mientras tanto, Juan el Bautista continuaba diciéndole a la gente que escucharan a Jesús, porque él era el Mesías. No obstante, algunos líderes judíos no creían que Juan decía la verdad.

[...] Los judíos de Jerusalén enviaron sacerdotes y levitas a preguntarle quién era. No se negó a declararlo, sino que confesó con franqueza: —Yo no soy el Cristo.

—¿Quién eres entonces? —le preguntaron—. ¿Acaso eres Elías?

—No lo soy.

—¿Eres el profeta?

—No lo soy.

—¿Entonces quién eres? ¡Tenemos que llevar una respuesta a los que nos enviaron! ¿Cómo te ves a ti mismo?

—Yo soy la voz del que grita en el desierto: "Enderecen el camino del Señor" —respondió Juan, con las palabras del profeta Isaías.

Algunos que habían sido enviados por los fariseos lo interrogaron: —Pues si no eres el Cristo, ni Elías ni el profeta, ¿por qué bautizas?

—Yo bautizo con agua, pero entre ustedes hay alguien a quien no conocen, y que viene después de mí, al cual yo no soy digno ni siquiera de desatarle la correa de las sandalias.

Todo esto sucedió en Betania, al otro lado del río Jordán, donde Juan estaba bautizando.

Al día siguiente Juan vio a Jesús que se acercaba a él, y dijo: «¡Aquí tienen al Cordero de Dios, que quita el pecado del mundo! De éste hablaba yo cuando dije: "Después de mí viene un hombre que es superior a mí, porque existía antes que yo." Yo ni siquiera lo conocía, pero, para que él se revelara al pueblo de Israel, vine bautizando con agua.»

Juan declaró: «Vi al Espíritu descender del cielo como una paloma y permanecer sobre él. Yo mismo no lo conocía, pero el que me envió a bautizar con agua me dijo: "Aquel sobre quien veas que el Espíritu desciende y permanece, es el que bautiza con el Espíritu Santo." Yo lo he visto y por eso testifico que éste es el Hijo de Dios.»

Jesús ahora estaba listo para iniciar su ministerio y anunciarle a la gente que él era el Mesías que los salvaría de todos sus pecados si ellos los confesaban y creían. Jesús quería ayudantes que aprendieran de él. Estos ayudantes, llamados discípulos, iban con él prácticamente a todo lugar. Los discípulos vieron a Jesús hacer algunas cosas asombrosas. Simón, uno de ellos, estaba preocupado por su suegra. Él le dijo a Jesús que ella estaba enferma.

Él [Jesús] se le acercó, la tomó de la mano y la ayudó a levantarse. Entonces se le quitó la fiebre y se puso a servirles.

Al atardecer, cuando ya se ponía el sol, la gente le llevó a Jesús todos los enfermos y endemoniados, de manera que la población entera se estaba congregando a la puerta. Jesús sanó a muchos que padecían de diversas enfermedades. También expulsó a muchos demonios, pero no los dejaba hablar porque sabían quién era él.

Un hombre que tenía lepra se le acercó, y de rodillas le suplicó: —Si quieres, puedes limpiarme.

Movido a compasión, Jesús extendió la mano y tocó al

hombre, diciéndole: —Sí quiero. ¡Queda limpio! Al instante se le quitó la lepra y quedó sano. Jesús lo despidió en seguida con una fuerte advertencia: —Mira, no se lo digas a nadie; sólo ve, preséntate al sacerdote y lleva por tu purificación lo que ordenó Moisés, para que sirva de testimonio.

Pero él salió y comenzó a hablar sin reserva, divulgando lo sucedido. Como resultado, Jesús ya no podía entrar en ningún pueblo abiertamente, sino que se quedaba afuera, en lugares solitarios. Aun así, gente de todas partes seguía acudiendo a él.

Unos días después, cuando Jesús entró de nuevo en Capernaúm, corrió la voz de que estaba en casa. Se aglomeraron tantos que ya no quedaba sitio ni siquiera frente a la puerta mientras él les predicaba la palabra.

Entonces llegaron cuatro hombres que le llevaban un paralítico. Como no podían acercarlo a Jesús por causa de la multitud, quitaron parte del techo encima de donde estaba Jesús y, luego de hacer una abertura, bajaron la camilla en la que estaba acostado el paralítico.

Al ver Jesús la fe de ellos, le dijo al paralítico: —Hijo, tus pecados quedan perdonados. Estaban sentados allí algunos maestros de la ley, que pensaban: «¿Por qué habla éste así? ¡Está blasfemando! ¿Quién puede perdonar pecados sino sólo Dios?»

En ese mismo instante supo Jesús en su espíritu que esto era lo que estaban pensando. —¿Por qué razonan así? —les dijo—. ¿Qué es más fácil, decirle al paralítico: "Tus pecados son perdonados", o decirle: "Levántate, toma tu camilla y anda"? Pues para que sepan que el Hijo del hombre tiene autoridad en la tierra para perdonar pecados —se dirigió entonces al paralítico—: A ti te digo, levántate, toma tu camilla y vete a tu casa.

Él se levantó, tomó su camilla en seguida y salió caminando a la vista de todos. Ellos se quedaron asombrados y comenzaron a alabar a Dios. —Jamás habíamos visto cosa igual —decían.

Los fariseos estaban enojados con Jesús porque pensaban que él no decía la verdad. Jesús estaba diciendo que podía perdonar los pecados de las personas, lo cual solo Dios podía hacer. Los fariseos no creían que hubiera ninguna manera en que Jesús pudiera ser el Mesías.

Jesús recorrió todo Israel predicando y haciendo mila-gros. En poco tiempo, grandes multitudes se aglomeraban a su alrededor dondequiera que iba.

Su fama se extendió por toda Siria, y le llevaban todos los que padecían de diversas enfermedades, los que sufrían de dolores graves, los endemoniados, los epilépticos y los paralíticos, y él los sanaba.

Lo seguían grandes multitudes de Galilea, Decápolis, Jerusalén, Judea y de la región al otro lado del Jordán.

Entonces, para evitar que la gente lo atropellara, encargó a sus discípulos que le tuvieran preparada una pequeña barca; pues como había sanado a muchos, todos los que sufrían dolencias se abalanzaban sobre él para tocarlo.

Además, los espíritus malignos, al verlo, se postraban ante él, gritando: «¡Tú eres el Hijo de Dios!» Pero él les ordenó terminantemente que no dijeran quién era él.

Jesús no quería decirle a todos que él era el Mesías dema-siado rápido, porque primero tenía que enseñarles lo que el Mesías había venido a hacer: salvar a la gente del pecado, no a destruir a Roma en una batalla. Jesús sabía que te-nía que predicar mucho para lograr que las personas vieran quién realmente era el Mesías. Pero primero tenía que pre-parar a sus discípulos.

Subió Jesús a una montaña y llamó a los que quiso, los cuales se reunieron con él. Designó a doce, a quienes nombró apóstoles, para que lo acompañaran y para enviarlos a predicar y ejercer autoridad para expulsar demonios.

Después de esto, Jesús estuvo recorriendo los pueblos y las aldeas, proclamando las buenas nuevas del reino de Dios. Lo acompañaban los doce, y también algunas mujeres que habían sido sanadas de espíritus malignos y de enfermedades: María, a la que llamaban Magdalena, y de la que habían salido siete demonios; Juana, esposa de Cuza, el administrador de Herodes; Susana y muchas más que los ayudaban con sus propios recursos.

Preguntas para la discusión

1. ¿Cómo puedes hablarles a los demás acerca de Jesús? (Menciona algunas opciones como los blogs, escribir en un periódico o trabajar con los grupos de niños en la iglesia).

2. ¿Crees que disfrutarías comiendo langostas y miel como Juan el Bautista? ¿Crees que Juan lo disfrutaba? ¿Cuáles alimentos son los que menos te gustan? ¿Cuáles son tus favoritos?

3. ¿Te has sentido tentado alguna vez a hacer algo que sabes que a Dios no le gustaría? ¿Qué hiciste al respecto?

4. Luego de leer este capítulo, ¿qué piensas de Jesús?

24

Un hombre nada común

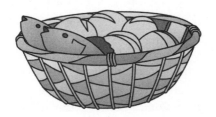

Los fariseos eran maestros importantes. Ellos obedecían todas las reglas que Dios les había ordenado a los israelitas seguir cuando estaban en el desierto. Los fariseos incluso agregaron más reglas a la lista y querían que los demás vivieran exactamente de la misma manera. Pero ahora que el Mesías había llegado, la tarea de Jesús era enseñarle algunas nuevas ideas al pueblo.

Por lo general, Jesús usaba historias, llamadas parábolas, para enseñar a los demás. Las parábolas son historias con un significado especial acerca del reino celestial. Dios quería que Jesús le enseñara al pueblo cómo vivir el reino de los cielos en la tierra.

[Jesús] dijo: «¿Con qué vamos a comparar el reino de Dios? ¿Qué parábola podemos usar para describirlo?

Es como un grano de mostaza: cuando se siembra en la tierra, es la semilla más pequeña que hay, pero una vez sembrada crece hasta convertirse en la más grande de las hortalizas, y echa ramas tan grandes que las aves pueden anidar bajo su sombra.»

Y con muchas parábolas semejantes les enseñaba Jesús la palabra hasta donde podían entender.

No les decía nada sin emplear parábolas. Pero cuando estaba a solas con sus discípulos, les explicaba todo.

Muchos recaudadores de impuestos y pecadores se acercaban a Jesús para oírlo, de modo que los fariseos y los maestros de la ley se pusieron a murmurar: «Este hombre recibe a los pecadores y come con ellos.»

Él entonces les contó esta parábola: «Supongamos que uno de ustedes tiene cien ovejas y pierde una de ellas. ¿No deja las noventa y nueve en el campo, y va en busca de la oveja perdida hasta encontrarla?

Y cuando la encuentra, lleno de alegría la carga en los hombros y vuelve a la casa. Al llegar, reúne a sus amigos y vecinos, y les dice: "Alégrense conmigo; ya encontré la oveja que se me había perdido."

Les digo que así es también en el cielo: habrá más alegría por un solo pecador que se arrepienta, que por noventa y nueve justos que no necesitan arrepentirse.

En esto se presentó un experto en la ley y, para poner a prueba a Jesús, le hizo esta pregunta: —Maestro, ¿qué tengo que hacer para heredar la vida eterna?

Jesús replicó: —¿Qué está escrito en la ley? ¿Cómo la interpretas tú?

Como respuesta el hombre citó: —"Ama al Señor tu Dios con todo tu corazón, con todo tu ser, con todas tus fuerzas y con toda tu mente", y: "Ama a tu prójimo como a ti mismo."

—Bien contestado —le dijo Jesús—. Haz eso y vivirás.

Pero él quería justificarse, así que le preguntó a Jesús:

—¿Y quién es mi prójimo?

Jesús respondió: —Bajaba un hombre de Jerusalén a Jericó, y cayó en manos de unos ladrones. Le quitaron la ropa, lo golpearon y se fueron, dejándolo medio muerto.

Resulta que viajaba por el mismo camino un sacerdote quien, al verlo, se desvió y siguió de largo.

Así también llegó a aquel lugar un levita, y al verlo, se desvió y siguió de largo.

Pero un samaritano que iba de viaje llegó a donde estaba el hombre y, viéndolo, se compadeció de él.

Se acercó, le curó las heridas con vino y aceite, y se las vendó. Luego lo montó sobre su propia cabalgadura, lo llevó a un alojamiento y lo cuidó.

Al día siguiente, sacó dos monedas de plata y se las dio al dueño del alojamiento. "Cuídemelo —le dijo—, y lo que gaste usted de más, se lo pagaré cuando yo vuelva."

¿Cuál de estos tres piensas que demostró ser el prójimo del que cayó en manos de los ladrones?

—El que se compadeció de él —contestó el experto en la ley.

—Anda entonces y haz tú lo mismo —concluyó Jesús.

Jesús no siempre contaba historias; en su lugar, a veces le predicaba sermones a la gente. El siguiente sermón lo dio cuando una multitud se reunió en la ladera de una montaña.

Tomando [Jesús] la palabra, comenzó a enseñarles diciendo:

«Dichosos los pobres en espíritu,
porque el reino de los cielos les pertenece.
Dichosos los que lloran,
porque serán consolados.
Dichosos los humildes,
porque recibirán la tierra como herencia.

Dichosos los que tienen hambre y sed de justicia,
porque serán saciados.

Dichosos los compasivos,
porque serán tratados con compasión.
Dichosos los de corazón limpio,
porque ellos verán a Dios.
Dichosos los que trabajan por la paz,
porque serán llamados hijos de Dios.
Dichosos los perseguidos por causa de la justicia,
porque el reino de los cielos les pertenece.

»Dichosos serán ustedes cuando por mi causa la gente los insulte, los persiga y levante contra ustedes toda clase de calumnias.

Alégrense y llénense de júbilo, porque les espera una gran recompensa en el cielo. Así también persiguieron a los profetas que los precedieron a ustedes.

Jesús también les enseñaba a las personas la forma correcta de orar al decirles:

»Cuando oren, no sean como los hipócritas, porque a ellos les encanta orar de pie en las sinagogas y en las esquinas de las plazas para que la gente los vea. Les aseguro que ya han obtenido toda su recompensa.

Pero tú, cuando te pongas a orar, entra en tu cuarto, cierra la puerta y ora a tu Padre, que está en lo secreto. Así tu Padre, que ve lo que se hace en secreto, te recompensará.

Y al orar, no hablen sólo por hablar como hacen los gentiles, porque ellos se imaginan que serán escuchados por sus muchas palabras.

No sean como ellos, porque su Padre sabe lo que ustedes necesitan antes de que se lo pidan.

»Ustedes deben orar así:
»"Padre nuestro que estás en el cielo,
santificado sea tu nombre,
venga tu reino,
hágase tu voluntad
    en la tierra como en el cielo.

Danos hoy nuestro pan cotidiano.

Perdónanos nuestras deudas,
    como también nosotros hemos perdonado a nuestros
    deudores.
Y no nos dejes caer en tentación,
sino líbranos del maligno."

»Porque si perdonan a otros sus ofensas, también los perdonará a ustedes su Padre celestial.

Pero si no perdonan a otros sus ofensas, tampoco su Padre les perdonará a ustedes las suyas.

Un hombre nada común

Jesús le decía a la gente que no se preocupara por nada, porque Dios tiene un plan para cada uno y promete velar por nosotros. Jesús dijo:

»Por eso les digo: No se preocupen por su vida, qué comerán o beberán; ni por su cuerpo, cómo se vestirán. ¿No tiene la vida más valor que la comida, y el cuerpo más que la ropa?

Fíjense en las aves del cielo: no siembran ni cosechan ni almacenan en graneros; sin embargo, el Padre celestial las alimenta. ¿No valen ustedes mucho más que ellas?

¿Quién de ustedes, por mucho que se preocupe, puede añadir una sola hora al curso de su vida?

»¿Y por qué se preocupan por la ropa? Observen cómo crecen los lirios del campo. No trabajan ni hilan;

sin embargo, les digo que ni siquiera Salomón, con todo su esplendor, se vestía como uno de ellos.

Si así viste Dios a la hierba que hoy está en el campo y mañana es arrojada al horno, ¿no hará mucho más por ustedes, gente de poca fe?

Así que no se preocupen diciendo: "¿Qué comeremos?" o "¿Qué beberemos?" o "¿Con qué nos vestiremos?"

Porque los paganos andan tras todas estas cosas, y el Padre celestial sabe que ustedes las necesitan.

Más bien, busquen primeramente el reino de Dios y su justicia, y todas estas cosas les serán añadidas.

Por lo tanto, no se angustien por el mañana, el cual tendrá sus propios afanes. Cada día tiene ya sus problemas.

Después de enseñarle a la gente estas cosas, Jesús y sus discípulos salieron en una barca. Los discípulos estaban a punto de recibir una lección de primera mano sobre el poder de Dios.

Ese día al anochecer, les dijo a sus discípulos: —Crucemos al otro lado.

Dejaron a la multitud y se fueron con él en la barca donde estaba. También lo acompañaban otras barcas.

Se desató entonces una fuerte tormenta, y las olas azotaban la barca, tanto que ya comenzaba a inundarse.

Jesús, mientras tanto, estaba en la popa, durmiendo sobre un cabezal, así que los discípulos lo despertaron.

—¡Maestro! —gritaron—, ¿no te importa que nos ahoguemos?

Él se levantó, reprendió al viento y ordenó al mar:

—¡Silencio! ¡Cálmate!

El viento se calmó y todo quedó completamente tranquilo.

—¿Por qué tienen tanto miedo? —dijo a sus discípulos—. ¿Todavía no tienen fe?

Ellos estaban espantados y se decían unos a otros:

—¿Quién es éste, que hasta el viento y el mar le obedecen?

Jesús podía hacer más que detener el viento y las olas. Como él era el Hijo de Dios, podía hacer cosas milagrosas como sanar personas con enfermedades mortales y traerlas de nuevo a la vida. Jesús también les dijo a sus discípulos que enseñaran a los demás acerca de Dios y que hicieran milagros.

Los milagros de Jesús ayudaron a que la gente tomara sus enseñanzas como verdaderas. Jesús envió a los doce discípulos en grupos de dos. Ellos predicaron, le dijeron a la gente que confesara sus pecados y sanaron a muchos enfermos. Más tarde…

Los apóstoles se reunieron con Jesús y le contaron lo que habían hecho y enseñado.

Y como no tenían tiempo ni para comer, pues era tanta la gente que iba y venía, Jesús les dijo:

—Vengan conmigo ustedes solos a un lugar tranquilo y descansen un poco.

Así que se fueron solos en la barca a un lugar solitario.

Pero muchos que los vieron salir los reconocieron y, desde todos los poblados, corrieron por tierra hasta allá y llegaron antes que ellos.

Cuando Jesús desembarcó y vio tanta gente, tuvo compasión de ellos, porque eran como ovejas sin pastor. Así que comenzó a enseñarles muchas cosas.

Cuando ya se hizo tarde, se le acercaron sus discípulos y le dijeron:

—Éste es un lugar apartado y ya es muy tarde.

Despide a la gente, para que vayan a los campos y pueblos cercanos y se compren algo de comer.

—Denles ustedes mismos de comer —contestó Jesús.

—¡Eso costaría casi un año de trabajo! —objetaron—. ¿Quieres que vayamos y gastemos todo ese dinero en pan para darles de comer?

—¿Cuántos panes tienen ustedes? —preguntó—. Vayan a ver.

Después de averiguarlo, le dijeron:

—Cinco, y dos pescados.

Jesús tomó los cinco panes y los dos pescados y, mirando al cielo, los bendijo. Luego partió los panes y se los dio a los discípulos para que se los repartieran a la gente. También repartió los dos pescados entre todos.

Comieron todos hasta quedar satisfechos,

y los discípulos recogieron doce canastas llenas de pedazos de pan y de pescado.

Los que comieron fueron cinco mil.

En seguida Jesús hizo que los discípulos subieran a la barca y se le adelantaran al otro lado mientras él despedía a la multitud.

Después de despedir a la gente, subió a la montaña para orar a solas. Al anochecer, estaba allí él solo,

y la barca ya estaba bastante lejos de la tierra, zarandeada por las olas, porque el viento le era contrario.

En la madrugada, Jesús se acercó a ellos caminando sobre el lago.

Cuando los discípulos lo vieron caminando sobre el agua, quedaron aterrados.

—¡Es un fantasma! —gritaron de miedo.

Pero Jesús les dijo en seguida:

—¡Cálmense! Soy yo. No tengan miedo.

—Señor, si eres tú —respondió Pedro—, mándame que vaya a ti sobre el agua.

—Ven —dijo Jesús.

Pedro bajó de la barca y caminó sobre el agua en dirección a Jesús.

Pero al sentir el viento fuerte, tuvo miedo y comenzó a hundirse. Entonces gritó:

—¡Señor, sálvame!

En seguida Jesús le tendió la mano y, sujetándolo, lo reprendió:

—¡Hombre de poca fe! ¿Por qué dudaste?

Cuando subieron a la barca, se calmó el viento.

Y los que estaban en la barca lo adoraron diciendo:

—Verdaderamente tú eres el Hijo de Dios.

Algunas de las personas que habían comido el pan y los pescados que Jesús multiplicó se encontraron de nuevo con él. Jesús sabía que ellos lo buscaban solo por los milagros que hacía, no porque quisieran seguir sus enseñanzas. Jesús les dijo que él era mejor que el pan que habían comido

producto del milagro. Ese pan les había llenado sus estó-
magos, sin embargo, él era el pan de vida que los llenaría
espiritualmente y les daría vida eterna.

La gente estaba confundida por lo que Jesús decía, porque si
él era el pan de vida, estaba diciendo que había venido del cielo.
Ellos ya no estaban tan seguros de creer en Jesús.

Desde entonces muchos de sus discípulos le volvieron la espalda y ya no andaban con él. Así que Jesús les preguntó a los
doce:

—¿También ustedes quieren marcharse?

—Señor —contestó Simón Pedro—, ¿a quién iremos? Tú tienes palabras de vida eterna.

Y nosotros hemos creído, y sabemos que tú eres el Santo de
Dios.

—¿No los he escogido yo a ustedes doce? —repuso Jesús—.
No obstante, uno de ustedes es un diablo.

Se refería a Judas, hijo de Simón Iscariote, uno de los doce,
que iba a traicionarlo.

Jesús era un buen maestro, pero esa no era la única ra-
zón por la que Dios lo puso sobre la tierra. Durante dos años
Jesús le enseñó a la gente lo que Dios quería que ellos hi-
cieran. Ahora el mundo estaba preparado para la segunda
parte del plan de Dios: Jesús iba a mostrarle al pueblo que él
era el Mesías que habían estado esperando.

Preguntas para la discusión

1. ¿Alguna vez has ayudado a un amigo o hermano
   cuando estaba herido? ¿Alguna vez has prestado
   atención cuando alguno de ellos quería hablar de sus
   problemas? ¿Cómo te sientes al ser el ayudante y la
   persona que escucha?

2. ¿Qué significa para ti tener un «corazón puro»?

3. Pedro tenía miedo de salir de la barca y caminar sobre el agua hacia Jesús. ¿Alguna vez has intentado algo nuevo aunque sintieras miedo? ¿Qué hiciste? ¿Cómo lograste hacerlo?

25

Jesús, el Hijo de Dios

*Jesús tenía una pregunta importante para sus apóstoles.
Él les preguntó:*

—¿Quién dice la gente que soy yo?
—Unos dicen que Juan el Bautista, otros que Elías, y otros
que uno de los profetas —contestaron.
—Y ustedes, ¿quién dicen que soy yo?
—Tú eres el Cristo —afirmó Pedro.
Jesús les ordenó que no hablaran a nadie acerca de él.

*Jesús quería mantener en secreto su verdadera identidad
hasta que llegara el momento indicado. Así que Jesús continuó enseñando.*

Entonces llamó a la multitud y a sus discípulos. —Si alguien
quiere ser mi discípulo —les dijo—, que se niegue a sí mismo,
lleve su cruz y me siga.
Porque el que quiera salvar su vida, la perderá; pero el que
pierda su vida por mi causa y por el evangelio, la salvará.

¿De qué sirve ganar el mundo entero si se pierde la vida? ¿O qué se puede dar a cambio de la vida?

Si alguien se avergüenza de mí y de mis palabras en medio de esta generación adúltera y pecadora, también el Hijo del hombre se avergonzará de él cuando venga en la gloria de su Padre con los santos ángeles.

Durante este tiempo, Jesús pasó mucho tiempo viajando con sus discípulos y enseñándoles quién era él y lo que le sucedería.

Dejaron aquel lugar y pasaron por Galilea. Pero Jesús no quería que nadie lo supiera, porque estaba instruyendo a sus discípulos.

Les decía: «El Hijo del hombre va a ser entregado en manos de los hombres. Lo matarán, y a los tres días de muerto resucitará.» Pero ellos no entendían lo que quería decir con esto, y no se atrevían a preguntárselo.

Los discípulos estaban teniendo dificultades para comprender las enseñanzas de Jesús porque ellos aún pensaban que el Mesías sería un guerrero valiente o un rey temible que los salvaría de los romanos. No entendían que en vez de eso, el Mesías los salvaría del pecado. Y tampoco comprendían por qué Jesús tenía que morir.

Los fariseos también tenían dificultad con las enseñanzas de Jesús, pero ellos querían matarlo. No les gustaban sus enseñanzas porque eran diferentes a lo que ellos enseñaban. Además, Jesús no obedecía sus reglas y le dijo al pueblo que los fariseos no siempre hacían la voluntad de Dios. Cuando llegó el tiempo de la fiesta de los Tabernáculos (una celebración de la bondad de Dios), Jesús tuvo que entrar a escondidas en la ciudad para que los fariseos no lo pudieran capturar.

Por eso las autoridades judías lo buscaban durante la fiesta, y decían: «¿Dónde se habrá metido?»

Entre la multitud corrían muchos rumores acerca de él. Unos decían: «Es una buena persona.»

Otros alegaban: «No, lo que pasa es que engaña a la gente.»

Sin embargo, por temor a los judíos nadie hablaba de él abiertamente.

Jesús esperó hasta la mitad de la fiesta para subir al templo y comenzar a enseñar. Los judíos se admiraban y decían: «¿De dónde sacó éste tantos conocimientos sin haber estudiado?»

Algunos de los que vivían en Jerusalén comentaban: «¿No es éste al que quieren matar? Ahí está, hablando abiertamente, y nadie le dice nada. ¿Será que las autoridades se han convencido de que es el Cristo? Nosotros sabemos de dónde viene este hombre, pero cuando venga el Cristo nadie sabrá su procedencia.»

Por eso Jesús, que seguía enseñando en el templo, exclamó:
—¡Conque ustedes me conocen y saben de dónde vengo! No he venido por mi propia cuenta, sino que me envió uno que es digno de confianza. Ustedes no lo conocen, pero yo sí lo conozco porque vengo de parte suya, y él mismo me ha enviado.

Entonces quisieron arrestarlo, pero nadie le echó mano porque aún no había llegado su hora.

Con todo, muchos de entre la multitud creyeron en él y decían: «Cuando venga el Cristo, ¿acaso va a hacer más señales que este hombre?»

Una vez más Jesús se dirigió a la gente, y les dijo: —Yo soy la luz del mundo. El que me sigue no andará en tinieblas, sino que tendrá la luz de la vida.

—Tú te presentas como tu propio testigo —alegaron los fariseos—, así que tu testimonio no es válido.

—Aunque yo sea mi propio testigo —repuso Jesús—, mi testimonio es válido, porque sé de dónde he venido y a dónde voy. Pero ustedes no saben de dónde vengo ni a dónde voy.

Jesús se dirigió entonces a los judíos que habían creído en él, y les dijo: —Si se mantienen fieles a mis enseñanzas, serán realmente mis discípulos; y conocerán la verdad, y la verdad los hará libres.

Pocos meses después, Jesús escuchó que su amigo Lázaro había muerto. Él se entristeció mucho con la noticia y se dirigió a la casa de Lázaro.

A su llegada, Jesús se encontró con que Lázaro llevaba ya cuatro días en el sepulcro. Betania estaba cerca de Jerusalén, como a tres kilómetros de distancia, y muchos judíos habían ido a casa de Marta y de María, a darles el pésame por la muerte de su hermano.

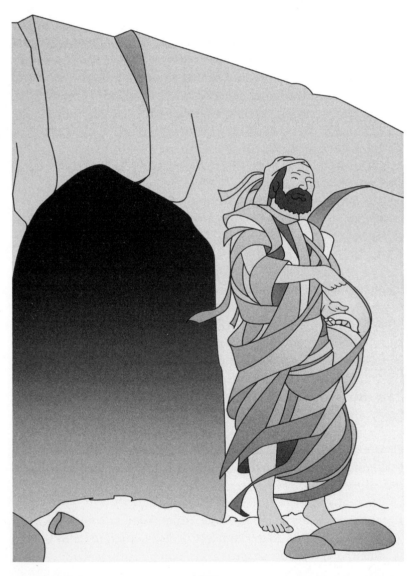

Conmovido una vez más, Jesús se acercó al sepulcro. Era una cueva cuya entrada estaba tapada con una piedra.

—Quiten la piedra —ordenó Jesús.

Marta, la hermana del difunto, objetó: —Señor, ya debe oler mal, pues lleva cuatro días allí.

—¿No te dije que si crees verás la gloria de Dios? —le contestó Jesús.

Entonces quitaron la piedra.

Jesús, alzando la vista, dijo: —Padre, te doy gracias porque me has escuchado. Ya sabía yo que siempre me escuchas, pero lo dije por la gente que está aquí presente, para que crean que tú me enviaste.

Dicho esto, gritó con todas sus fuerzas: —¡Lázaro, sal fuera!

El muerto salió, con vendas en las manos y en los pies, y el rostro cubierto con un sudario.

—Quítenle las vendas y dejen que se vaya —les dijo Jesús.

Muchos de los judíos que habían ido a ver a María y que habían presenciado lo hecho por Jesús, creyeron en él.

Pero algunos de ellos fueron a ver a los fariseos y les contaron lo que Jesús había hecho. Entonces los jefes de los sacerdotes y los fariseos convocaron a una reunión del Consejo.

—¿Qué vamos a hacer? —dijeron—. Este hombre está haciendo muchas señales milagrosas. Si lo dejamos seguir así, todos van a creer en él, y vendrán los romanos y acabarán con nuestro lugar sagrado, e incluso con nuestra nación.

A los líderes se les ocurrió un plan a fin de deshacerse de Jesús para siempre. La fiesta de la Pascua se acercaba y si Jesús llegaba a celebrarla en cualquier sitio cerca de Jerusalén, ellos lo arrestarían. Jesús sabía que los líderes lo querían matar, pero de cualquier manera se dirigió a Jerusalén.

Empezaron a llevarle niños a Jesús para que los tocara, pero los discípulos reprendían a quienes los llevaban.

Cuando Jesús se dio cuenta, se indignó y les dijo: «Dejen que los niños vengan a mí, y no se lo impidan, porque el reino de Dios es de quienes son como ellos. Les aseguro que el que no reciba el reino de Dios como un niño, de ninguna manera entrará en él.»

Y después de abrazarlos, los bendecía poniendo las manos sobre ellos.

Faltaba poco para la Pascua judía, así que muchos subieron del campo a Jerusalén para su purificación ceremonial antes de la Pascua. Andaban buscando a Jesús, y mientras estaban en el templo comentaban entre sí: «¿Qué les parece? ¿Acaso no vendrá a la fiesta?»
Por su parte, los jefes de los sacerdotes y los fariseos habían dado la orden de que si alguien llegaba a saber dónde estaba Jesús, debía denunciarlo para que lo arrestaran.

Finalmente llegó el tiempo indicado para que todos supieran quién era el Mesías. Jesús se lo iba a revelar al pueblo al entrar a Jerusalén en medio de un gran desfile. Pero antes, Jesús tenía que enviar a dos de sus discípulos a Jerusalén a buscar algo que le mostrara al pueblo que venía en paz.

[Él les dijo…] «Vayan a la aldea que tienen enfrente. Tan pronto como entren en ella, encontrarán atado un burrito, en el que nunca se ha montado nadie. Desátenlo y tráiganlo acá. Y si alguien les dice: "¿Por qué hacen eso?", díganle: "El Señor lo necesita, y en seguida lo devolverá."»
Fueron, encontraron un burrito afuera en la calle, atado a un portón, y lo desataron. Entonces algunos de los que estaban allí les preguntaron: «¿Qué hacen desatando el burrito?» Ellos contestaron como Jesús les había dicho, y les dejaron desatarlo.
Le llevaron, pues, el burrito a Jesús. Luego pusieron encima sus mantos, y él se montó.
Muchos tendieron sus mantos sobre el camino; otros usaron ramas que habían cortado en los campos.
Tanto los que iban delante como los que iban detrás, gritaban:

—¡Hosanna!

—¡Bendito el que viene en el nombre del Señor!

—¡Bendito el reino venidero de nuestro padre David!

—¡Hosanna en las alturas!

Cuando Jesús entró en Jerusalén, toda la ciudad se conmovió.
—¿Quién es éste? —preguntaban.
—Éste es el profeta Jesús, de Nazaret de Galilea —contestaba la gente.

Durante la semana de la Pascua, Jesús enseñaba a la gente y le decía que moriría pronto. Puesto que él era humano, pero también Dios, estaba preocupado por lo que tenía que enfrentar. Él dijo:

»Ahora todo mi ser está angustiado, ¿y acaso voy a decir: "Padre, sálvame de esta hora difícil"? ¡Si precisamente para afrontarla he venido! ¡Padre, glorifica tu nombre!

Se oyó entonces, desde el cielo, una voz que decía: «Ya lo he glorificado, y volveré a glorificarlo.»

La multitud que estaba allí, y que oyó la voz, decía que había sido un trueno; otros decían que un ángel le había hablado.

—Esa voz no vino por mí sino por ustedes —dijo Jesús—. El juicio de este mundo ha llegado ya, y el príncipe de este mundo va a ser expulsado. Pero yo, cuando sea levantado de la tierra, atraeré a todos a mí mismo. Con esto daba Jesús a entender de qué manera iba a morir.

A pesar de haber hecho Jesús todas estas señales en presencia de ellos, todavía no creían en él.

Sin embargo, muchos de ellos, incluso de entre los jefes, creyeron en él, pero no lo confesaban porque temían que los fariseos los expulsaran de la sinagoga. Preferían recibir honores de los hombres más que de parte de Dios.

«El que cree en mí —clamó Jesús con voz fuerte—, cree no sólo en mí sino en el que me envió. Y el que me ve a mí, ve al que me envió.

Yo soy la luz que ha venido al mundo, para que todo el que crea en mí no viva en tinieblas.

»Si alguno escucha mis palabras, pero no las obedece, no seré yo quien lo juzgue; pues no vine a juzgar al mundo sino a salvarlo. El que me rechaza y no acepta mis palabras tiene quien lo juzgue. La palabra que yo he proclamado lo condenará en el día final.

Yo no he hablado por mi propia cuenta; el Padre que me envió me ordenó qué decir y cómo decirlo. Y sé muy bien que su mandato es vida eterna. Así que todo lo que digo es lo que el Padre me ha ordenado decir.»

Faltaban sólo dos días para la Pascua y para la fiesta de los Panes sin levadura. Los jefes de los sacerdotes y los maestros de la ley buscaban con artimañas cómo arrestar a Jesús para matarlo. Por eso decían: «No durante la fiesta, no sea que se amotine el pueblo.»

Los líderes estaban deseando matar a Jesús, sin embargo, necesitaban hallar una buena manera de arrestarlo. Uno de los discípulos de Jesús, llamado Judas Iscariote, resolvió el problema de los líderes. Judas decidió que ya no quería seguir a Jesús, así que fue a hablar con ellos.

Entonces entró Satanás en Judas, uno de los doce, al que llamaban Iscariote. Éste fue a los jefes de los sacerdotes y a los capitanes del templo para tratar con ellos cómo les entregaría a Jesús. Ellos se alegraron y acordaron darle dinero.

Él aceptó, y comenzó a buscar una oportunidad para entregarles a Jesús cuando no hubiera gente.

Preguntas para la discusión

1. Algunas personas dicen «¡Hosanna!» cuando alaban a Jesús. ¿Qué dices o cantas tú cuando alabas a Jesús?

2. ¿Por qué piensas que la gente no quería creer que Jesús era el Salvador?

3. ¿Por qué crees que Jesús regresó a Jerusalén, aun cuando sabía que algunas personas querían matarlo? ¿Puedes imaginar creer en algo con tanta convicción?

26

La hora de las tinieblas

El primer día de la fiesta de los Panes sin levadura, cuando se acostumbraba sacrificar el cordero de la Pascua, los discípulos le preguntaron a Jesús:

—¿Dónde quieres que vayamos a hacer los preparativos para que comas la Pascua?

Él envió a dos de sus discípulos con este encargo: —Vayan a la ciudad y les saldrá al encuentro un hombre que lleva un cántaro de agua. Síganlo, y allí donde entre díganle al dueño: "El Maestro pregunta: ¿Dónde está la sala en la que pueda comer la Pascua con mis discípulos?" Él les mostrará en la planta alta una sala amplia, amueblada y arreglada. Preparen allí nuestra cena.

Los discípulos salieron, entraron en la ciudad y encontraron todo tal y como les había dicho Jesús. Así que prepararon la Pascua.

Al anochecer llegó Jesús con los doce.

Mientras los discípulos comían la cena de Pascua, Jesús pensaba en lo que le sucedería. Entonces dijo algo que realmente sorprendió a los discípulos.

Dicho esto, Jesús se angustió profundamente y declaró: —Ciertamente les aseguro que uno de ustedes me va a traicionar. Los discípulos se miraban unos a otros sin saber a cuál de ellos se refería.

—Señor, ¿quién es? —preguntó él, reclinándose sobre Jesús.

—Aquel a quien yo le dé este pedazo de pan que voy a mojar en el plato —le contestó Jesús.

Acto seguido, mojó el pedazo de pan y se lo dio a Judas Iscariote, hijo de Simón. Tan pronto como Judas tomó el pan, Satanás entró en él.

—Lo que vas a hacer, hazlo pronto —le dijo Jesús.

Ninguno de los que estaban a la mesa entendió por qué le dijo eso Jesús. Como Judas era el encargado del dinero, algunos pensaron que Jesús le estaba diciendo que comprara lo necesario para la fiesta, o que diera algo a los pobres.

En cuanto Judas tomó el pan, salió de allí. Ya era de noche.

Luego de que Judas salió, Jesús les dijo a los discípulos lo que sucedería. Les explicó que su cuerpo sería partido como el pan y su sangre sería derramada como el vino.

Mientras comían, Jesús tomó pan y lo bendijo. Luego lo partió y se lo dio a sus discípulos, diciéndoles: —Tomen y coman; esto es mi cuerpo.

Después tomó la copa, dio gracias, y se la ofreció diciéndoles: —Beban de ella todos ustedes. Esto es mi sangre del pacto, que es derramada por muchos para el perdón de pecados.

»No se angustien. Confíen en Dios, y confíen también en mí.

En el hogar de mi Padre hay muchas viviendas; si no fuera así, ya se lo habría dicho a ustedes. Voy a prepararles un lugar. Y si me voy y se lo preparo, vendré para llevármelos conmigo. Así ustedes estarán donde yo esté.

Ustedes ya conocen el camino para ir a donde yo voy.

Dijo entonces Tomás: —Señor, no sabemos a dónde vas, así que ¿cómo podemos conocer el camino?

—Yo soy el camino, la verdad y la vida —le contestó Jesús—. Nadie llega al Padre sino por mí. Si ustedes realmente me conocieran, conocerían también a mi Padre. Y ya desde este momento lo conocen y lo han visto.

—Señor —dijo Felipe—, muéstranos al Padre y con eso nos basta.

—¡Pero, Felipe! ¿Tanto tiempo llevo ya entre ustedes, y todavía no me conoces? El que me ha visto a mí, ha visto al Padre. ¿Cómo puedes decirme: "Muéstranos al Padre"?

¿Acaso no crees que yo estoy en el Padre, y que el Padre está en mí? Las palabras que yo les comunico, no las hablo como cosa mía, sino que es el Padre, que está en mí, el que realiza sus obras. Créanme cuando les digo que yo estoy en el Padre y que el Padre está en mí; o al menos créanme por las obras mismas.

Ciertamente les aseguro que el que cree en mí las obras que yo hago también él las hará, y aun las hará mayores, porque yo vuelvo al Padre.

Cualquier cosa que ustedes pidan en mi nombre, yo la haré; así será glorificado el Padre en el Hijo. Lo que pidan en mi nombre, yo lo haré.

»Si ustedes me aman, obedecerán mis mandamientos.

Jesús trató de ayudar a sus discípulos a entender lo que le iba a suceder, aunque sabía que ellos aún estarían asustados.

Él dijo que algunos huirían al ver llegar a los soldados y que incluso negarían conocerlo ante los demás para que no los lastimaran. Sin embargo, uno de los discípulos llamado Pedro se sentía valiente.

—Aunque todos te abandonen —declaró Pedro—, yo jamás lo haré.

—Te aseguro —le contestó Jesús— que esta misma noche, antes de que cante el gallo, me negarás tres veces.

—Aunque tenga que morir contigo —insistió Pedro—, jamás te negaré. Y los demás discípulos dijeron lo mismo.

Luego fue Jesús con sus discípulos a un lugar llamado Getsemaní, y les dijo: «Siéntense aquí mientras voy más allá a orar.»

Se llevó a Pedro y a los dos hijos de Zebedeo, y comenzó a sentirse triste y angustiado. «Es tal la angustia que me invade, que me siento morir —les dijo—. Quédense aquí y manténganse despiertos conmigo.»

Yendo un poco más allá, se postró sobre su rostro y oró: «Padre mío, si es posible, no me hagas beber este trago amargo. Pero no sea lo que yo quiero, sino lo que quieres tú.»

Luego volvió adonde estaban sus discípulos y los encontró dormidos. «¿No pudieron mantenerse despiertos conmigo ni una hora? —le dijo a Pedro—. Estén alerta y oren para que no caigan en tentación. El espíritu está dispuesto, pero el cuerpo es débil.»

Por segunda vez se retiró y oró: «Padre mío, si no es posible evitar que yo beba este trago amargo, hágase tu voluntad.»

Entonces se le apareció un ángel del cielo para fortalecerlo. Pero, como estaba angustiado, se puso a orar con más fervor, y su sudor era como gotas de sangre que caían a tierra.

Cuando volvió, otra vez los encontró dormidos, porque se les cerraban los ojos de sueño. Así que los dejó y se retiró a orar por tercera vez, diciendo lo mismo.

Volvió de nuevo a los discípulos y les dijo: «¿Siguen durmiendo y descansando? Miren, se acerca la hora, y el Hijo del hombre va a ser entregado en manos de pecadores. ¡Levántense! ¡Vámonos! ¡Ahí viene el que me traiciona!»

Todavía estaba hablando Jesús cuando llegó Judas, uno de los doce. Lo acompañaba una gran turba armada con espadas y palos, enviada por los jefes de los sacerdotes y los ancianos del pueblo.

Jesús, que sabía todo lo que le iba a suceder, les salió al encuentro. —¿A quién buscan? —les preguntó.

—A Jesús de Nazaret —contestaron.

—Yo soy.

Judas, el traidor, estaba con ellos. Cuando Jesús les dijo: «Yo soy», dieron un paso atrás y se desplomaron.

—¿A quién buscan? —volvió a preguntarles Jesús.

—A Jesús de Nazaret —repitieron.

—Ya les dije que yo soy. Si es a mí a quien buscan, dejen que éstos se vayan. Esto sucedió para que se cumpliera lo que había dicho: «De los que me diste ninguno se perdió.»

Simón Pedro, que tenía una espada, la desenfundó e hirió al siervo del sumo sacerdote, cortándole la oreja derecha […]

—¡Déjenlos! —ordenó Jesús. Entonces le tocó la oreja al hombre, y lo sanó.

Jesús sabía que todas estas cosas malas tenían que suceder para que se cumpliera la totalidad de lo que los profetas habían dicho acerca del Mesías. Así que no se resistió al arresto. Luego de que los soldados arrestaron a Jesús, sus discípulos huyeron, tal como Jesús lo predijo. Los soldados lo llevaron ante los líderes, quienes lo pusieron a prueba. Un discípulo, llamado Pedro, siguió en secreto a los soldados y esperó afuera para enterarse de cómo iba el juicio.

Pero luego, cuando encendieron una fogata en medio del patio y se sentaron alrededor, Pedro se les unió.

Una criada lo vio allí sentado a la lumbre, lo miró detenidamente y dijo: —Éste estaba con él.

Pero él lo negó. —Muchacha, yo no lo conozco.

Poco después lo vio otro y afirmó: —Tú también eres uno de ellos.

—¡No, hombre, no lo soy! —contestó Pedro.

Como una hora más tarde, otro lo acusó: —Seguro que éste estaba con él; miren que es galileo.

—¡Hombre, no sé de qué estás hablando! —replicó Pedro.

En el mismo momento en que dijo eso, cantó el gallo. El Señor se volvió y miró directamente a Pedro. Entonces Pedro se acordó de lo que el Señor le había dicho: «Hoy mismo, antes de que el gallo cante, me negarás tres veces.» Y saliendo de allí, lloró amargamente.

Durante el juicio, los líderes encontraron una razón para matar a Jesús. Él les dijo a los líderes que era el Hijo de Dios, pero pensaron que mentía. De acuerdo a sus leyes, quien mintiera haciéndose pasar por Dios tenía que morir. Puesto que los mismos líderes no podían matar a Jesús, lo llevaron ante un gobernador romano llamado Pilato. A pesar de que Pilato sabía que Jesús no había hecho nada malo, aun así dijo que Jesús tenía que morir.

Pilato tomó entonces a Jesús y mandó que lo azotaran. Los soldados, que habían tejido una corona de espinas, se la pusieron a Jesús en la cabeza y lo vistieron con un manto de color púrpura. —¡Viva el rey de los judíos! —le gritaban, mientras se le acercaban para abofetearlo.

Pilato volvió a salir. —Aquí lo tienen —dijo a los judíos—. Lo he sacado para que sepan que no lo encuentro culpable de nada.

Cuando salió Jesús, llevaba puestos la corona de espinas y el manto de color púrpura. —¡Aquí tienen al hombre! —les dijo Pilato.

Tan pronto como lo vieron, los jefes de los sacerdotes y los guardias gritaron a voz en cuello: —¡Crucifícalo! ¡Crucifícalo!

—Pues llévenselo y crucifíquenlo ustedes —replicó Pilato—. Por mi parte, no lo encuentro culpable de nada.

—Nosotros tenemos una ley, y según esa ley debe morir, porque se ha hecho pasar por Hijo de Dios —insistieron los judíos.

Entonces Pilato se lo entregó para que lo crucificaran, y los soldados se lo llevaron.

Al salir encontraron a un hombre de Cirene que se llamaba Simón, y lo obligaron a llevar la cruz.

También llevaban con él a otros dos, ambos criminales, para ser ejecutados. Cuando llegaron al lugar llamado la Calavera, lo crucificaron allí, junto con los criminales, uno a su derecha y otro a su izquierda.

—Padre —dijo Jesús—, perdónalos, porque no saben lo que hacen. Mientras tanto, echaban suertes para repartirse entre sí la ropa de Jesús.

La gente, por su parte, se quedó allí observando, y aun los gobernantes estaba burlándose de él. —Salvó a otros —decían—; que se salve a sí mismo, si es el Cristo de Dios, el Escogido.

También los soldados se acercaron para burlarse de él. Le ofrecieron vinagre y le dijeron: —Si eres el rey de los judíos, sálvate a ti mismo.

Resulta que había sobre él un letrero, que decía: «Éste es el Rey de los judíos.»

Uno de los criminales allí colgados empezó a insultarlo: —¿No eres tú el Cristo? ¡Sálvate a ti mismo y a nosotros!

Pero el otro criminal lo reprendió: —¿Ni siquiera temor de Dios tienes, aunque sufres la misma condena? En nuestro caso, el castigo es justo, pues sufrimos lo que merecen nuestros delitos; éste, en cambio, no ha hecho nada malo.

Luego dijo: —Jesús, acuérdate de mí cuando vengas en tu reino.

—Te aseguro que hoy estarás conmigo en el paraíso —le contestó Jesús.

Durante largas y dolorosas horas, Jesús estuvo colgado en la cruz. No solamente hirieron con clavos sus manos y sus pies, sino que respirar se le hacía muy difícil. Jesús necesitaba levantarse con sus brazos cansados y adoloridos cada vez que tenía que respirar, y con el pasar de las horas debió enfrentarse a cada vez menos energía y más dolor.

Desde el mediodía y hasta la media tarde toda la tierra quedó sumida en la oscuridad, pues el sol se ocultó.

Como a las tres de la tarde, Jesús gritó con fuerza: —*Elí, Elí, ¿lama sabactani?* (que significa: "Dios mío, Dios mío, ¿por qué me has desamparado?")

Cuando lo oyeron, algunos de los que estaban allí dijeron: —Está llamando a Elías.

Al instante uno de ellos corrió en busca de una esponja. La empapó en vinagre, la puso en una caña y se la ofreció a Jesús para que bebiera. Los demás decían: —Déjalo, a ver si viene Elías a salvarlo.

Al probar Jesús el vinagre, dijo: —Todo se ha cumplido. Luego inclinó la cabeza y entregó el espíritu.

En ese momento la cortina del santuario del templo se rasgó en dos, de arriba abajo. La tierra tembló y se partieron las rocas. Se abrieron los sepulcros, y muchos santos que habían muerto resucitaron. Salieron de los sepulcros y, después de la resurrección de Jesús, entraron en la ciudad santa y se aparecieron a muchos.

Cuando el centurión y los que con él estaban custodiando a Jesús vieron el terremoto y todo lo que había sucedido, quedaron aterrados y exclamaron: —¡Verdaderamente éste era el Hijo de Dios!

Entonces los que se habían reunido para presenciar aquel espectáculo, al ver lo ocurrido, se fueron de allí golpeándose el pecho. Pero todos los conocidos de Jesús, incluso las mujeres que lo habían seguido desde Galilea, se quedaron mirando desde lejos.

Preguntas para la discusión

1. ¿Cómo se celebra la comunión en tu iglesia (o en las iglesias que has visitado)?

2. Pedro negó conocer a Jesús tres veces. ¿Crees que alguna vez has negado conocer a Jesús? ¿Le cuentas a otros que crees en Jesús?

3. ¿Por qué Jesús murió por nuestros pecados?

27

La resurrección

Jesús estaba muerto y sus seguidores increíblemente tris-tes. Ellos olvidaron que Jesús había dicho que no moriría para siempre. Una vez que su cuerpo fue bajado de la cruz, dos de los amigos de Jesús lo enterraron en un sepulcro cavado en la roca. Luego rodaron una piedra grande y pesada frente a la abertura del sepulcro para cerrarlo.

No obstante, los líderes judíos recordaban que Jesús había prometido regresar a la vida en tres días. Ellos pusieron soldados frente a la tumba a fin de asegurarse de que nadie robara el cuerpo de Jesús para luego pretender que él estaba vivo. Realmente nadie creía que Jesús volvería a la vida. Sin embargo, en la mañana del tercer día, ocurrió algo sorprendente.

Sucedió que hubo un terremoto violento, porque un ángel del Señor bajó del cielo y, acercándose al sepulcro, quitó la piedra y se sentó sobre ella. Su aspecto era como el de un relámpago, y su ropa era blanca como la nieve. Los guardias tuvieron tanto miedo de él que se pusieron a temblar y quedaron como muertos.

El ángel dijo a las mujeres: —No tengan miedo; sé que ustedes buscan a Jesús, el que fue crucificado. No está aquí, pues ha resucitado, tal como dijo. Vengan a ver el lugar donde lo pusieron. Luego vayan pronto a decirles a sus discípulos: "Él se ha levantado de entre los muertos y va delante de ustedes a Galilea. Allí lo verán." Ahora ya lo saben.

Así que las mujeres se alejaron a toda prisa del sepulcro, asustadas pero muy alegres, y corrieron a dar la noticia a los discípulos.

Pedro y el otro discípulo se dirigieron entonces al sepulcro. Ambos fueron corriendo, pero como el otro discípulo corría más aprisa que Pedro, llegó primero al sepulcro. Inclinándose, se asomó y vio allí las vendas, pero no entró.

Tras él llegó Simón Pedro, y entró en el sepulcro. Vio allí las vendas y el sudario que había cubierto la cabeza de Jesús, aunque el sudario no estaba con las vendas sino enrollado en un lugar aparte.

En ese momento entró también el otro discípulo, el que había llegado primero al sepulcro; y vio y creyó. Hasta entonces no habían entendido la Escritura, que dice que Jesús tenía que resucitar.

Los discípulos regresaron a su casa [...]

Todavía estaban ellos hablando acerca de esto, cuando Jesús mismo se puso en medio de ellos y les dijo: —Paz a ustedes.

Aterrorizados, creyeron que veían a un espíritu.

—¿Por qué se asustan tanto? —les preguntó—. ¿Por qué les vienen dudas? Miren mis manos y mis pies. ¡Soy yo mismo! Tóquenme y vean; un espíritu no tiene carne ni huesos, como ven que los tengo yo.

Dicho esto, les mostró las manos y los pies. Como ellos no acababan de creerlo a causa de la alegría y del asombro, les preguntó: —¿Tienen aquí algo de comer?

Le dieron un pedazo de pescado asado, así que lo tomó y se lo comió delante de ellos. Luego les dijo: —Cuando todavía estaba yo con ustedes, les decía que tenía que cumplirse todo lo que está escrito acerca de mí en la ley de Moisés, en los profetas y en los salmos.

Entonces les abrió el entendimiento para que comprendieran las Escrituras. —Esto es lo que está escrito —les explicó—: que el Cristo padecerá y resucitará al tercer día, y en su nombre se predicarán el arrepentimiento y el perdón de pecados a todas las naciones, comenzando por Jerusalén. Ustedes son testigos de estas cosas.

Ahora voy a enviarles lo que ha prometido mi Padre; pero ustedes quédense en la ciudad hasta que sean revestidos del poder de lo alto.

Después de esto Jesús se apareció de nuevo a sus discípulos, junto al lago de Tiberíades. Sucedió de esta manera:

Estaban juntos Simón Pedro, Tomás (al que apodaban el Gemelo), Natanael, el de Caná de Galilea, los hijos de Zebedeo, y otros dos discípulos.

—Me voy a pescar —dijo Simón Pedro. —Nos vamos contigo —contestaron ellos. Salieron, pues, de allí y se embarcaron, pero esa noche no pescaron nada.

Al despuntar el alba Jesús se hizo presente en la orilla, pero los discípulos no se dieron cuenta de que era él.

—Muchachos, ¿no tienen algo de comer? —les preguntó Jesús.

—No —respondieron ellos.

—Tiren la red a la derecha de la barca, y pescarán algo.

Así lo hicieron, y era tal la cantidad de pescados que ya no podían sacar la red.

Fue necesario un tiempo para que los discípulos comprendieran realmente que Jesús había regresado y lo que significaba su resurrección. Jesús les recordó sus enseñanzas de modo que las cosas tuvieran sentido para ellos. Los discípulos necesitaban saber por qué Jesús había muerto y regresado a la vida, porque ahora eran ellos los que le contarían a todos los demás lo que habían visto y oído.

Los once discípulos fueron a Galilea, a la montaña que Jesús les había indicado. Cuando lo vieron, lo adoraron; pero algunos dudaban.

Jesús se acercó entonces a ellos y les dijo: —Se me ha dado toda autoridad en el cielo y en la tierra. Por tanto, vayan y hagan discípulos de todas las naciones, bautizándolos en el nombre del Padre y del Hijo y del Espíritu Santo, enseñándoles a obedecer todo lo que les he mandado a ustedes. Y les aseguro que estaré con ustedes siempre, hasta el fin del mundo.

Preguntas para la discusión

1. ¿Por qué crees que Jesús resucitó de la muerte?

2. ¿Cómo piensas que Jesús sabía que todos esos peces estaban del otro lado de la barca? ¿Crees en los milagros? ¿Alguna vez has experimentado un milagro o has escuchado de alguien a quien le haya ocurrido?

3. ¿Cómo puedes decirles o mostrarles a otros lo que Jesús les enseñó a los discípulos?

28

Nuevos comienzos

[…] En mi primer libro [yo Lucas] me referí a todo lo que Jesús comenzó a hacer y enseñar hasta el día en que fue llevado al cielo, luego de darles instrucciones por medio del Espíritu Santo a los apóstoles que había escogido. Después de padecer la muerte, se les presentó dándoles muchas pruebas convincentes de que estaba vivo. Durante cuarenta días se les apareció y les habló acerca del reino de Dios.

Una vez, mientras comía con ellos, les ordenó: —No se alejen de Jerusalén, sino esperen la promesa del Padre, de la cual les he hablado: Juan bautizó con agua, pero dentro de pocos días ustedes serán bautizados con el Espíritu Santo.

Entonces los que estaban reunidos con él le preguntaron: —Señor, ¿es ahora cuando vas a restablecer el reino a Israel?

—No les toca a ustedes conocer la hora ni el momento determinados por la autoridad misma del Padre —les contestó Jesús—Pero cuando venga el Espíritu Santo sobre ustedes, recibirán poder y serán mis testigos tanto en Jerusalén como en toda Judea y Samaria, y hasta los confines de la tierra.

Habiendo dicho esto, mientras ellos lo miraban, fue llevado a las alturas hasta que una nube lo ocultó de su vista.

Ellos se quedaron mirando fijamente al cielo mientras él se alejaba. De repente, se les acercaron dos hombres vestidos de blanco, que les dijeron: —Galileos, ¿qué hacen aquí mirando al cielo? Este mismo Jesús, que ha sido llevado de entre ustedes al cielo, vendrá otra vez de la misma manera que lo han visto irse.

Cuando llegó el día de Pentecostés, estaban todos juntos en el mismo lugar. De repente, vino del cielo un ruido como el de una violenta ráfaga de viento y llenó toda la casa donde estaban reunidos. Se les aparecieron entonces unas lenguas como de fuego que se repartieron y se posaron sobre cada uno de ellos. Todos fueron llenos del Espíritu Santo y comenzaron a hablar en diferentes lenguas, según el Espíritu les concedía expresarse.

Estaban de visita en Jerusalén judíos piadosos, procedentes de todas las naciones de la tierra. Al oír aquel bullicio, se agolparon y quedaron todos pasmados porque cada uno los escuchaba hablar en su propio idioma.

El Espíritu Santo vino a ayudar a los discípulos a contarles a los demás acerca de Jesús y también a ayudar a otros a creer en él. No obstante, algunos pensaban que los discípulos estaban locos. Entonces Pedro comenzó a decirle a la multitud todos los hechos acerca de Jesús.

[Él] fue entregado según el determinado propósito y el previo conocimiento de Dios; y por medio de gente malvada, ustedes lo mataron, clavándolo en la cruz. Sin embargo, Dios lo resucitó, librándolo de las angustias de la muerte, porque era imposible que la muerte lo mantuviera bajo su dominio.

A este Jesús, Dios lo resucitó, y de ello todos nosotros somos testigos. Exaltado por el poder de Dios, y habiendo recibido del Padre el Espíritu Santo prometido, ha derramado esto que ustedes ahora ven y oyen.

Muchas personas se convirtieron en creyentes de Jesús por las enseñanzas de los apóstoles.

Se mantenían firmes en la enseñanza de los apóstoles, en la comunión, en el partimiento del pan y en la oración. Todos estaban asombrados por los muchos prodigios y señales que realizaban los apóstoles. Todos los creyentes estaban juntos y tenían todo en común: vendían sus propiedades y posesiones, y compartían sus bienes entre sí según la necesidad de cada uno. No dejaban de reunirse en el templo ni un solo día. De casa en casa partían el pan y compartían la comida con alegría y generosidad, alabando a Dios y disfrutando de la estimación general del pueblo. Y cada día el Señor añadía al grupo los que iban siendo salvos.

Los líderes que odiaban a Jesús tampoco querían a sus seguidores. Un hombre llamado Saulo y otros líderes judíos trataron de evitar que más personas se unieran a la iglesia de los creyentes asustándolos o incluso matándolos. Muchos cristianos se fueron a otras ciudades para ponerse a salvo y estando allí les hablaron a otros acerca de Jesús.

Los que se habían dispersado predicaban la palabra por dondequiera que iban. Felipe bajó a una ciudad de Samaria y les anunciaba al Mesías. Al oír a Felipe y ver las señales milagrosas que realizaba, mucha gente se reunía y todos prestaban atención a su mensaje. De muchos endemoniados los espíritus malignos salían dando alaridos, y un gran número de paralíticos y cojos quedaban sanos. Y aquella ciudad se llenó de alegría.

Mientras tanto, Saulo, respirando aún amenazas de muerte contra los discípulos del Señor, se presentó al sumo sacerdote y le pidió cartas de extradición para las sinagogas de Damasco. Tenía la intención de encontrar y llevarse presos a Jerusalén a todos los que pertenecieran al Camino, fueran hombres o mujeres.

En el viaje sucedió que, al acercarse a Damasco, una luz del cielo relampagueó de repente a su alrededor. Él cayó al suelo y oyó una voz que le decía: —Saulo, Saulo, ¿por qué me persigues?

—¿Quién eres, Señor? —preguntó.

—Yo soy Jesús, a quien tú persigues —le contestó la voz—. Levántate y entra en la ciudad, que allí se te dirá lo que tienes que hacer.

Los hombres que viajaban con Saulo se detuvieron atónitos, porque oían la voz pero no veían a nadie. Saulo se levantó del suelo, pero cuando abrió los ojos no podía ver, así que lo tomaron de la mano y lo llevaron a Damasco. Estuvo ciego tres días, sin comer ni beber nada.

Había en Damasco un discípulo llamado Ananías, a quien el Señor llamó en una visión. —¡Ananías!

—Aquí estoy, Señor.

—Anda, ve a la casa de Judas, en la calle llamada Derecha, y pregunta por un tal Saulo de Tarso. Está orando, y ha visto en una visión a un hombre llamado Ananías, que entra y pone las manos sobre él para que recobre la vista.

Entonces Ananías respondió: —Señor, he oído hablar mucho de ese hombre y de todo el mal que ha causado a tus santos en Jerusalén. Y ahora lo tenemos aquí, autorizado por los jefes de los sacerdotes, para llevarse presos a todos los que invocan tu nombre.

—¡Ve! —insistió el Señor—, porque ese hombre es mi instrumento escogido para dar a conocer mi nombre tanto a las naciones y a sus reyes como al pueblo de Israel. Yo le mostraré cuánto tendrá que padecer por mi nombre.

Ananías se fue y, cuando llegó a la casa, le impuso las manos a Saulo y le dijo: «Hermano Saulo, el Señor Jesús, que se te apareció en el camino, me ha enviado para que recobres la vista y seas lleno del Espíritu Santo.»

Al instante cayó de los ojos de Saulo algo como escamas, y recobró la vista. Se levantó y fue bautizado; y habiendo comido, recobró las fuerzas [...]

El corazón de Pablo había cambiado completamente. Él comenzó a hablarles a los demás acerca de Jesús y cambió su nombre a Pablo para demostrar que era una persona diferente. Luego de un tiempo fue a Jerusalén a hablar con los discípulos (que ahora eran llamados apóstoles) acerca de cómo podría él ayudar a la iglesia. Los apóstoles se dieron cuenta de que Pablo realmente amaba a Jesús y era un excelente predicador. Bajo la dirección del Espíritu Santo, ellos decidieron enviar a Pablo a otros países a hablarles a los no judíos acerca de Jesús, tal como Dios lo había predicho.

En ese tiempo el rey Herodes hizo arrestar a algunos de la iglesia con el fin de maltratarlos. A Jacobo, hermano de Juan, lo mandó matar a espada. Al ver que esto agradaba a los judíos, procedió a prender también a Pedro. Esto sucedió durante la fiesta de los Panes sin levadura. Después de arrestarlo, lo metió en la cárcel y lo puso bajo la vigilancia de cuatro grupos de cuatro soldados cada uno. Tenía la intención de hacerlo comparecer en juicio público después de la Pascua.

Pero mientras mantenían a Pedro en la cárcel, la iglesia oraba constante y fervientemente a Dios por él.

La misma noche en que Herodes estaba a punto de sacar a Pedro para someterlo a juicio, éste dormía entre dos soldados, sujeto con dos cadenas. Unos guardias vigilaban la entrada de la cárcel. De repente apareció un ángel del Señor y una luz resplandeció en la celda. Despertó a Pedro con unas palmadas en el costado y le dijo: «¡Date prisa, levántate!» Las cadenas cayeron de las manos de Pedro.

Le dijo además el ángel: «Vístete y cálzate las sandalias.» Así lo hizo, y el ángel añadió: «Échate la capa encima y sígueme.» Pedro salió tras él, pero no sabía si realmente estaba sucediendo lo que el ángel hacía. Le parecía que se trataba de una visión. Pasaron por la primera y la segunda guardia, y llegaron al portón de hierro que daba a la ciudad. El portón se les abrió por sí solo, y salieron. Caminaron unas cuadras, y de repente el ángel lo dejó solo.

Entonces Pedro volvió en sí y se dijo: «Ahora estoy completamente seguro de que el Señor ha enviado a su ángel para librarme del poder de Herodes y de todo lo que el pueblo judío esperaba.»

Cuando cayó en cuenta de esto, fue a casa de María, la madre de Juan, apodado Marcos, donde muchas personas estaban reunidas orando. Llamó a la puerta de la calle, y salió a responder una sierva llamada Rode. Al reconocer la voz de Pedro, se puso tan contenta que volvió corriendo sin abrir. —¡Pedro está a la puerta! —exclamó.

—¡Estás loca! —le dijeron. Ella insistía en que así era, pero los otros decían: —Debe de ser su ángel.

Entre tanto, Pedro seguía llamando. Cuando abrieron la puerta y lo vieron, quedaron pasmados. Con la mano Pedro les hizo señas de que se callaran, y les contó cómo el Señor lo había sacado de la cárcel. —Cuéntenles esto a Jacobo y a los hermanos —les dijo. Luego salió y se fue a otro lugar.

Al amanecer se produjo un gran alboroto entre los soldados respecto al paradero de Pedro.

Sin importar quién lastimara a los nuevos cristianos, el Espíritu Santo continuaba haciendo su trabajo en los nuevos creyentes, alentándolos a difundir las Buenas Nuevas. Saulo (Pablo) y sus compañeros de trabajo hablaban ávidamente acerca de Jesús dondequiera que iban.

Preguntas para la discusión

1. ¿Cuál crees que sea la apariencia física de los ángeles? ¿De dónde tomaste tus ideas?

2. ¿Qué significa el Espíritu Santo para ti?

3. ¿Cómo puedes demostrarles a otros que eres cristiano?

29

La misión de Pablo

Una de las primeras personas que Pablo conoció cuando regresó a Jerusalén fue a un hombre llamado Bernabé, que era un firme creyente. Bernabé y Pablo llegaron a ser buenos amigos. El Espíritu Santo los envió juntos a muchos lugares a hablarles a la gente acerca de Jesús y ayudar en la tarea de fundar iglesias.

Pablo y Bernabé pronto tuvieron más ayudantes, dos se llamaban Silas y Juan Marcos. Juan Marcos ya había viajado con ellos antes, pero había regresado a casa al iniciar uno de los viajes. Bernabé aún pensaba que Juan Marcos era un buen ayudante, pero Pablo no pensaba igual. Pablo y Bernabé discutieron sobre esto y decidieron viajar cada uno por su lado. Silas se fue con Pablo, mientras que Juan Marcos acompañó a Bernabé.

Mientras Pablo viajaba con Silas, encontraron a un hombre llamado Timoteo que se unió a ellos por un tiempo. Pablo, Silas y Timoteo fueron a muchas ciudades diferentes y le hablaron a la gente en cada una de ellas.

Una vez, cuando íbamos al lugar de oración, nos salió al encuentro una joven esclava que tenía un espíritu de adivinación.

Con sus poderes ganaba mucho dinero para sus amos. Nos seguía a Pablo y a nosotros, gritando: —Estos hombres son siervos del Dios Altísimo, y les anuncian a ustedes el camino de salvación. Así continuó durante muchos días. Por fin Pablo se molestó tanto que se volvió y reprendió al espíritu: —¡En el nombre de Jesucristo, te ordeno que salgas de ella! Y en aquel mismo momento el espíritu la dejó.

Cuando los amos de la joven se dieron cuenta de que se les había esfumado la esperanza de ganar dinero, echaron mano a Pablo y a Silas y los arrastraron a la plaza, ante las autoridades. Los presentaron ante los magistrados y dijeron: —Estos hombres son judíos, y están alborotando a nuestra ciudad, enseñando costumbres que a los romanos se nos prohíbe admitir o practicar.

Entonces la multitud se amotinó contra Pablo y Silas, y los magistrados mandaron que les arrancaran la ropa y los azotaran. Después de darles muchos golpes, los echaron en la cárcel, y ordenaron al carcelero que los custodiara con la mayor seguridad. Al recibir tal orden, éste los metió en el calabozo interior y les sujetó los pies en el cepo.

A eso de la medianoche, Pablo y Silas se pusieron a orar y a cantar himnos a Dios, y los otros presos los escuchaban. De repente se produjo un terremoto tan fuerte que la cárcel se estremeció hasta sus cimientos. Al instante se abrieron todas las puertas y a los presos se les soltaron las cadenas.

El carcelero despertó y, al ver las puertas de la cárcel de par en par, sacó la espada y estuvo a punto de matarse, porque pensaba que los presos se habían escapado. Pero Pablo le gritó: —¡No te hagas ningún daño! ¡Todos estamos aquí!

El carcelero pidió luz, entró precipitadamente y se echó temblando a los pies de Pablo y de Silas. Luego los sacó y les preguntó: —Señores, ¿qué tengo que hacer para ser salvo?

—Cree en el Señor Jesús; así tú y tu familia serán salvos —le contestaron. Luego les expusieron la palabra de Dios a él y a todos los demás que estaban en su casa.

A esas horas de la noche, el carcelero se los llevó y les lavó las heridas; en seguida fueron bautizados él y toda su familia. El carcelero los llevó a su casa, les sirvió comida y se alegró mucho junto con toda su familia por haber creído en Dios.

Al amanecer, los magistrados mandaron a unos guardias al carcelero con esta orden: «Suelta a esos hombres.» El carcelero, entonces, le informó a Pablo: —Los magistrados han ordenado que los suelte. Así que pueden irse. Vayan en paz.

Pablo y sus ayudantes viajaban a muchos lugares en donde le enseñaban a la gente acerca de Jesús y comenzaban nuevas iglesias. Las enseñanzas de Pablo ayudaban a los nuevos cristianos a entender las cosas que Jesús quería que ellos hicieran. No obstante, luego de que Pablo abandonaba una ciudad, la gente perdía su estímulo y olvidaba sus enseñanzas. Por esto Pablo enviaba cartas llenas de consejos a cada iglesia para ayudar a los cristianos a mantenerse firmes.

Las cartas de Pablo no solo fueron para la gente que vivió hace mucho tiempo, ellas nos animan y enseñan hoy a nosotros también. Lo siguiente es parte de lo que él le escribió a una de las iglesias:

Siempre damos gracias a Dios por todos ustedes cuando los mencionamos en nuestras oraciones. Los recordamos constantemente delante de nuestro Dios y Padre a causa de la obra realizada por su fe, el trabajo motivado por su amor, y la constancia sostenida por su esperanza en nuestro Señor Jesucristo.

Hermanos amados de Dios, sabemos que él los ha escogido, porque nuestro evangelio les llegó no sólo con palabras sino también con poder, es decir, con el Espíritu Santo y con profunda convicción. Como bien saben, estuvimos entre ustedes buscando su bien.

¿Cómo podemos agradecer bastante a nuestro Dios por ustedes y por toda la alegría que nos han proporcionado delante de él? Día y noche le suplicamos que nos permita verlos de nuevo para suplir lo que le falta a su fe.

Que el Dios y Padre nuestro, y nuestro Señor Jesús, nos preparen el camino para ir a verlos. Que el Señor los haga crecer para que se amen más y más unos a otros, y a todos, tal como nosotros los amamos a ustedes. Que los fortalezca interiormente para que, cuando nuestro Señor Jesús venga con todos sus santos, la santidad de ustedes sea intachable delante de nuestro Dios y Padre.

El Señor mismo descenderá del cielo con voz de mando, con voz de arcángel y con trompeta de Dios, y los muertos en Cristo resucitarán primero. Luego los que estemos vivos, los que hayamos quedado, seremos arrebatados junto con ellos en las nubes para encontrarnos con el Señor en el aire. Y así estaremos con el Señor para siempre.

Por lo tanto, anímense unos a otros con estas palabras.

Estén siempre alegres, oren sin cesar, den gracias a Dios en toda situación, porque esta es su voluntad para ustedes en Cristo Jesús.

No apaguen el Espíritu, no desprecien las profecías, sométanlo todo a prueba, aférrense a lo bueno, eviten toda clase de mal.

Que Dios mismo, el Dios de paz, los santifique por completo, y conserve todo su ser —espíritu, alma y cuerpo— irreprochable para la venida de nuestro Señor Jesucristo. El que los llama es fiel, y así lo hará.

Hermanos, oren también por nosotros. Saluden a todos los hermanos con un beso santo. Les encargo delante del Señor que lean esta carta a todos los hermanos.

Que la gracia de nuestro Señor Jesucristo sea con ustedes.

La misión de Pablo

Algunas veces las iglesias olvidaban lo que Pablo les había dicho. En la iglesia de Corinto, la gente estaba desobedeciendo las enseñanzas de Pablo y peleándose el uno con el otro. Pablo les envió una carta para ayudarlos a llevarse bien y a hacer lo correcto. Él escribió esto:

Les suplico, hermanos, en el nombre de nuestro Señor Jesucristo, que todos vivan en armonía y que no haya divisiones entre ustedes, sino que se mantengan unidos en un mismo pensar y en un mismo propósito.

De hecho, aunque el cuerpo es uno solo, tiene muchos miembros, y todos los miembros, no obstante ser muchos, forman un solo cuerpo. Así sucede con Cristo. Todos fuimos bautizados por un solo Espíritu para constituir un solo cuerpo —ya seamos judíos o gentiles, esclavos o libres—, y a todos se nos dio a beber de un mismo Espíritu.

Ahora bien, el cuerpo no consta de un solo miembro sino de muchos. Si el pie dijera: «Como no soy mano, no soy del cuerpo», no por eso dejaría de ser parte del cuerpo.

Y si la oreja dijera: «Como no soy ojo, no soy del cuerpo», no por eso dejaría de ser parte del cuerpo. Si todo el cuerpo fuera ojo, ¿qué sería del oído? Si todo el cuerpo fuera oído, ¿qué sería del olfato? En realidad, Dios colocó cada miembro del cuerpo como mejor le pareció.

Ahora bien, ustedes son el cuerpo de Cristo, y cada uno es miembro de ese cuerpo.

Si hablo en lenguas humanas y angelicales, pero no tengo amor, no soy más que un metal que resuena o un platillo que hace ruido. Si tengo el don de profecía y entiendo todos los misterios y poseo todo conocimiento, y si tengo una fe que logra trasladar montañas, pero me falta el amor, no soy nada. Si reparto entre los pobres todo lo que poseo, y si entrego mi cuerpo para que lo consuman las llamas, pero no tengo amor, nada gano con eso.

El amor es paciente, es bondadoso. El amor no es envidioso ni jactancioso ni orgulloso. No se comporta con rudeza, no es egoísta, no se enoja fácilmente, no guarda rencor.

El amor no se deleita en la maldad sino que se regocija con la verdad. Todo lo disculpa, todo lo cree, todo lo espera, todo lo soporta.

El amor jamás se extingue [...]

Pablo quería que la gente entendiera que Dios los amaba tanto que había enviado a Jesús a morir por sus pecados. El amor de Dios es el más grande que existe. Y si creemos en su Hijo Jesús, y con la ayuda del Espíritu Santo tratamos a las personas con amor, estaremos con Dios para siempre.

De hecho, ya que la muerte vino por medio de un hombre, también por medio de un hombre viene la resurrección de los muertos. Pues así como en Adán todos mueren, también en Cristo todos volverán a vivir [...]

Que la gracia del Señor Jesús sea con ustedes.
Los amo a todos ustedes en Cristo Jesús. Amén.

Gracias a Jesús, las personas que creen en él pueden disfrutar de la libertad. Dios nos da libertad para decidir por nuestra propia voluntad, él no nos fuerza a hacer nada. Pero esa libertad no significa que podemos hacer lo que nos plazca y salirnos con la nuestra. Las personas que creen en Jesús reciben al Espíritu Santo, quien les ayuda a hacer lo correcto.

En cambio, el fruto del Espíritu es amor, alegría, paz, paciencia, amabilidad, bondad, fidelidad, humildad y dominio propio. No hay ley que condene estas cosas.

Los que son de Cristo Jesús han crucificado la naturaleza pecaminosa, con sus pasiones y deseos.
Si el Espíritu nos da vida, andemos guiados por el Espíritu. No dejemos que la vanidad nos lleve a irritarnos y a envidiarnos unos a otros.

Hermanos, que la gracia de nuestro Señor Jesucristo sea con el espíritu de cada uno de ustedes. Amén.

Preguntas para la discusión

1. En algunos lugares del mundo, creer en Jesús puede ser peligroso. ¿Les contarías a los demás que crees en Jesús, aun cuando esto significara salir lastimado? ¿Por qué sí o por qué no?

2. ¿Has pensado alguna vez en viajar alrededor del mundo hablándoles a los demás sobre Jesús? ¿A dónde te gustaría ir? Si conoces a alguien que haya hecho un viaje misionero, ¿cómo fue su experiencia?

3. Pablo tenía recomendaciones para levantarles el ánimo a las personas. ¿Qué cosa de las que él recomendaba puedes hacer tú?

30

Los días finales de Pablo

Pablo había estado viajando y enseñando por muchos años. Él le enseñaba a la gente a testificarles las Buenas Nuevas a los demás, y dondequiera que Pablo predicaba se establecían nuevas iglesias. Muchos líderes y personas en el gobierno romano querían detener el crecimiento de las iglesias porque pensaban que Jesús había sido una mala persona. Ellos también querían que Pablo dejara de predicar.

Pablo sabía que podía ser capturado, sin embargo, confiaba en Dios. Cuando Dios le dijo que fuera a Jerusalén (donde las cosas eran muy peligrosas para los cristianos), Pablo decidió ir. Él se detuvo en unas pocas ciudades para despedirse de sus amigos y luego embarcarse hacia Jerusalén. Esto fue lo que dijo:

»Y ahora tengan en cuenta que voy a Jerusalén obligado por el Espíritu, sin saber lo que allí me espera. Lo único que sé es que en todas las ciudades el Espíritu Santo me asegura que me esperan prisiones y sufrimientos. Sin embargo, considero que mi vida carece de valor para mí mismo, con tal de que termine mi carrera y lleve a cabo el servicio que me ha encomendado el Señor Jesús, que es el de dar testimonio del evangelio de la gracia de Dios.

»Escuchen, yo sé que ninguno de ustedes, entre quienes he andado predicando el reino de Dios, volverá a verme. Por tanto, hoy les declaro que soy inocente de la sangre de todos, porque sin vacilar les he proclamado todo el propósito de Dios.

Tengan cuidado de sí mismos y de todo el rebaño sobre el cual el Espíritu Santo los ha puesto como obispos para pastorear la iglesia de Dios, que él adquirió con su propia sangre.

Después de decir esto, Pablo se puso de rodillas con todos ellos y oró. Todos lloraban inconsolablemente mientras lo abrazaban y lo besaban. Lo que más los entristecía era su declaración de que ellos no volverían a verlo. Luego lo acompañaron hasta el barco.

En una de las ciudades en las que Pablo se detuvo, un hombre profetizó que algunos líderes judíos lo capturarían. No obstante, él creía que Dios tenía una razón para enviarlo a Jerusalén, así que regresó a la barca y continuó su viaje. Cuando llegó a Jerusalén, unos soldados romanos lo arrestaron para interrogarlo en el cuartel. Pablo les dijo a los soldados y a todo el pueblo lo que Jesús había hecho por él en el camino a Damasco y cuán arrepentido estaba de haber maltratado a la gente en ese entonces. Luego le explicó a la multitud que Jesús murió para salvarlos a ellos de su pecado.

La multitud estuvo escuchando a Pablo hasta que pronunció esas palabras. Entonces levantaron la voz y gritaron: «¡Bórralo de la tierra! ¡Ese tipo no merece vivir!»

Como seguían gritando, tirando sus mantos y arrojando polvo al aire, el comandante ordenó que metieran a Pablo en el cuartel. Mandó que lo interrogaran a latigazos con el fin de averiguar por qué gritaban así contra él.

Cuando lo estaban sujetando con cadenas para azotarlo, Pablo le dijo al centurión que estaba allí: —¿Permite la ley que ustedes azoten a un ciudadano romano antes de ser juzgado?

Al oír esto, el centurión fue y avisó al comandante. —¿Qué va a hacer usted? Resulta que ese hombre es ciudadano romano.

El comandante se acercó a Pablo y le dijo: —Dime, ¿eres ciudadano romano?

—Sí, lo soy.

—A mí me costó una fortuna adquirir mi ciudadanía —le dijo el comandante.

—Pues yo la tengo de nacimiento —replicó Pablo.

Los que iban a interrogarlo se retiraron en seguida. Al darse cuenta de que Pablo era ciudadano romano, el comandante mismo se asustó de haberlo encadenado.

Debido a que Pablo era romano, tenía derechos especiales que lo protegían de ser ejecutado de inmediato. Él podría contarles su historia a diversos líderes. Esto era parte del plan de Dios, que el testimonio de Pablo fuera dado a la mayor cantidad de líderes romanos que fuera posible mientras se encontraba en prisión.

Primero lo enviaron a hablar con los líderes que odiaban a Jesús. Luego lo enviaron donde estaba un gobernador romano llamado Félix.

Después de hablar con Félix, Pablo le contó su historia a un nuevo gobernador llamado Festo. Al igual que había hecho Félix, Festo celebró un juicio para averiguar si Pablo era culpable de algo. Festo sabía también que Pablo era inocente, pero no quería hacer enojar a los líderes, razón por la que estaría dispuesto a permitir que muriera. Sin embargo, Dios se aseguró de que Pablo organizara un juicio con el César, el gobernador del Imperio Romano.

Antes de partir hacia Roma, Pablo tuvo un juicio frente a un rey llamado Agripa. Él le contó a Agripa y a Festo todo acerca de su vida y cómo Jesús lo había salvado con la esperanza de que ellos creyeran en Jesús. Luego se embarcó hacia Roma.

Cuando se decidió que navegáramos rumbo a Italia, entregaron a Pablo y a algunos otros presos a un centurión llamado Julio, que pertenecía al batallón imperial.

Se había perdido mucho tiempo, y era peligrosa la navegación por haber pasado ya la fiesta del ayuno. Así que Pablo les advirtió: «Señores, veo que nuestro viaje va a ser desastroso y que va a causar mucho perjuicio tanto para el barco y su carga como para nuestras propias vidas.»

Pero el centurión, en vez de hacerle caso, siguió el consejo del timonel y del dueño del barco. Como el puerto no era adecuado para invernar, la mayoría decidió que debíamos seguir adelante, con la esperanza de llegar a Fenice, puerto de Creta que da al suroeste y al noroeste, y pasar allí el invierno.

Cuando comenzó a soplar un viento suave del sur, creyeron que podían conseguir lo que querían, así que levaron anclas y navegaron junto a la costa de Creta. Poco después se nos vino encima un viento huracanado, llamado Nordeste, que venía desde la isla.

El barco quedó atrapado por la tempestad y no podía hacerle frente al viento, así que nos dejamos llevar a la deriva. Mientras pasábamos al abrigo de un islote llamado Cauda, a duras penas pudimos sujetar el bote salvavidas. Después de subirlo a bordo, amarraron con sogas todo el casco del barco para reforzarlo. Temiendo que fueran a encallar en los bancos de arena de la Sirte, echaron el ancla flotante y dejaron el barco a la deriva.

Al día siguiente, dado que la tempestad seguía arremetiendo con mucha fuerza contra nosotros, comenzaron a arrojar la carga por la borda. Al tercer día, con sus propias manos arrojaron al mar los aparejos del barco. Como pasaron muchos días sin que aparecieran ni el sol ni las estrellas, y la tempestad seguía arreciando, perdimos al fin toda esperanza de salvarnos.

Llevábamos ya mucho tiempo sin comer, así que Pablo se puso en medio de todos y dijo: «Señores, debían haber seguido mi consejo y no haber zarpado de Creta; así se habrían ahorrado este perjuicio y esta pérdida.

Pero ahora los exhorto a cobrar ánimo, porque ninguno de ustedes perderá la vida; sólo se perderá el barco. Anoche se me apareció un ángel del Dios a quien pertenezco y a quien sirvo, y me dijo: "No tengas miedo, Pablo. Tienes que comparecer ante el emperador; y Dios te ha concedido la vida de todos los que navegan contigo."

Así que ¡ánimo, señores! Confío en Dios que sucederá tal y como se me dijo. Sin embargo, tenemos que encallar en alguna isla.»

Ya habíamos pasado catorce noches a la deriva por el mar Adriático, cuando a eso de la medianoche los marineros presintieron que se aproximaban a tierra. Echaron la sonda y encontraron que el agua tenía unos treinta y siete metros de profundidad. Más adelante volvieron a echar la sonda y encontraron que tenía cerca de veintisiete metros de profundidad. Temiendo que fuéramos a estrellarnos contra las rocas, echaron cuatro anclas por la popa y se pusieron a rogar que amaneciera.

En un intento por escapar del barco, los marineros comenzaron a bajar el bote salvavidas al mar, con el pretexto de que iban a echar algunas anclas desde la proa. Pero Pablo les advirtió al centurión y a los soldados: «Si ésos no se quedan en el barco, no podrán salvarse ustedes.» Así que los soldados cortaron las amarras del bote salvavidas y lo dejaron caer al agua.

Estaba a punto de amanecer cuando Pablo animó a todos a tomar alimento: «Hoy hace ya catorce días que ustedes están con la vida en un hilo, y siguen sin probar bocado. Les ruego que coman algo, pues lo necesitan para sobrevivir. Ninguno de ustedes perderá ni un solo cabello de la cabeza.»

Dicho esto, tomó pan y dio gracias a Dios delante de todos. Luego lo partió y comenzó a comer. Todos se animaron y también comieron. Éramos en total doscientas setenta y seis personas en el barco. Una vez satisfechos, aligeraron el barco echando el trigo al mar.

Cuando amaneció, no reconocieron la tierra, pero vieron una bahía que tenía playa, donde decidieron encallar el barco a como diera lugar. Cortaron las anclas y las dejaron caer en el mar, desatando a la vez las amarras de los timones. Luego izaron a favor del viento la vela de proa y se dirigieron a la playa. Pero el barco fue a dar en un banco de arena y encalló. La proa se encajó en el fondo y quedó varada, mientras la popa se hacía pedazos al embate de las olas.

Cuando el barco estuvo totalmente destruido, todos los presos quedaron libres de sus cadenas y los soldados tuvieron miedo de que ellos trataran de escapar. Sin embargo, el centurión sabía que Pablo no trataría de huir, por lo que se aseguró de que tanto Pablo como el resto de los presos llegaran a tierra a salvo.

Una vez a salvo, nos enteramos de que la isla se llamaba Malta. Los isleños nos trataron con toda clase de atenciones.

Encendieron una fogata y nos invitaron a acercarnos, porque estaba lloviendo y hacía frío.

Sucedió que Pablo recogió un montón de leña y la estaba echando al fuego, cuando una víbora que huía del calor se le prendió en la mano. Al ver la serpiente colgada de la mano de Pablo, los isleños se pusieron a comentar entre sí: «Sin duda este hombre es un asesino, pues aunque se salvó del mar, la justicia divina no va a consentir que siga con vida.»

Pero Pablo sacudió la mano y la serpiente cayó en el fuego, y él no sufrió ningún daño. La gente esperaba que se hinchara o cayera muerto de repente, pero después de esperar un buen rato y de ver que nada extraño le sucedía, cambiaron de parecer y decían que era un dios.

Cerca de allí había una finca que pertenecía a Publio, el funcionario principal de la isla. Éste nos recibió en su casa con amabilidad y nos hospedó durante tres días. El padre de Publio estaba en cama, enfermo con fiebre y disentería. Pablo entró a verlo y, después de orar, le impuso las manos y lo sanó.

Como consecuencia de esto, los demás enfermos de la isla también acudían y eran sanados. Nos colmaron de muchas atenciones y nos proveyeron de todo lo necesario para el viaje.

Luego de pasar tres meses en Malta, todos fueron rescatados por otro barco, y Pablo de nuevo se dirigió hacia

Roma. Al llegar a Roma, se le permitió vivir en una casa, pero siempre custodiado por un soldado para estar seguros de que no intentara escapar. Pablo vivió en esa casa por dos años. Mientras estuvo en Roma, le predicaba a la gente y hablaba acerca de Jesús. También les escribía cartas a las iglesias y las personas que había visitado durante sus viajes. Luego Pablo fue condenado a muerte.

Muchos otros discípulos fueron torturados y asesinados por creer en Jesús, pero al igual que Pablo nunca dejaron de hablarle a la gente acerca de él. No importa lo que los gobiernos o líderes hicieran, la iglesia continuaba creciendo y creciendo.

Preguntas para la discusión

1. Describe la última vez que viste a alguien comportarse de manera valiente. ¿Cuándo fue la última vez que fuiste valiente?

2. ¿Te gustaría estar en una isla desierta? ¿Qué harías si te quedaras encallado?

31

Apocalipsis

Un hombre llamado Juan era uno de los discípulos de Jesús y también uno de sus mejores amigos. Luego de la muerte de Jesús, Juan se convirtió en uno de los líderes de los cristianos.

Cuando se hizo anciano, fue capturado y enviado a una isla llamada Patmos por el resto de su vida. Mientras estaba allí, comenzó a tener visiones del cielo y de cómo serían las cosas cuando Jesús regresara a la tierra. Juan escribió todo lo que vio y escuchó en las visiones. Los símbolos e imágenes que vio eran cosas que los lectores de aquel entonces comprendían. Estos símbolos e imágenes tenían el propósito de fortalecer la esperanza de las personas en que Dios finalmente ganaría sobre Satanás y la totalidad del mal. Esto es lo que Juan escribió:

Ésta es la revelación de Jesucristo, que Dios le dio para mostrar a sus siervos lo que sin demora tiene que suceder. Jesucristo envió a su ángel para dar a conocer la revelación a su siervo Juan, quien por su parte da fe de la verdad, escribiendo todo lo que vio, a saber, la palabra de Dios y el testimonio de Jesucristo.

Dichoso el que lee y dichosos los que escuchan las palabras de este mensaje profético y hacen caso de lo que aquí está escrito, porque el tiempo de su cumplimiento está cerca.

Yo, Juan, escribo a las siete iglesias que están en la provincia de Asia:

Gracia y paz a ustedes de parte de aquel que es y que era y que ha de venir; y de parte de los siete espíritus que están delante de su trono; y de parte de Jesucristo, el testigo fiel, el primogénito de la resurrección, el soberano de los reyes de la tierra.

> Al que nos ama
> > y que por su sangre
> > nos ha librado de nuestros pecados,
> al que ha hecho de nosotros un reino,
> > sacerdotes al servicio de Dios su Padre,
> ¡a él sea la gloria y el poder
> > por los siglos de los siglos!
> > Amén.

> ¡Miren que viene en las nubes!
> > Y todos lo verán con sus propios ojos,
> > incluso quienes lo traspasaron;
> y por él harán lamentación
> > todos los pueblos de la tierra.
> > ¡Así será! Amén.

«Yo soy el Alfa y la Omega —dice el Señor Dios—, el que es y que era y que ha de venir, el Todopoderoso.»

Yo, Juan, hermano de ustedes y compañero en el sufrimiento, en el reino y en la perseverancia que tenemos en unión con Jesús, estaba en la isla de Patmos por causa de la palabra de Dios y del testimonio de Jesús. En el día del Señor vino sobre mí el Espíritu, y oí detrás de mí una voz fuerte, como de trompeta, que decía: «Escribe en un libro lo que veas y envíalo a las siete iglesias […]»

Me volví para ver de quién era la voz que me hablaba y, al volverme, vi siete candelabros de oro. En medio de los candelabros estaba alguien «semejante al Hijo del hombre», vestido con una túnica que le llegaba hasta los pies y ceñido con una banda de oro a la altura del pecho. Su cabellera lucía blanca como la lana, como la nieve; y sus ojos resplandecían como llama de fuego. Sus pies parecían bronce al rojo vivo en un horno, y su voz era tan fuerte como el estruendo de una catarata. En su mano derecha tenía siete estrellas, y de su boca salía una aguda espada de dos filos. Su rostro era como el sol cuando brilla en todo su esplendor.

Al verlo, caí a sus pies como muerto; pero él, poniendo su mano derecha sobre mí, me dijo: «No tengas miedo. Yo soy el Primero y el Último, y el que vive. Estuve muerto, pero ahora vivo por los siglos de los siglos, y tengo las llaves de la muerte y del infierno.

»Escribe, pues, lo que has visto, lo que sucede ahora y lo que sucederá después.

Jesús le estaba mostrando a Juan todas estas cosas para que él pudiera contarles a las iglesias las maravillas que sucederían en el futuro. Esta carta alentaría a los creyentes a mantenerse firmes en su fe y a mostrarle a la gente que debían seguir creyendo en Jesús a pesar de todo, porque Jesús regresaría a acabar con todo el mal en el mundo y recompensar a sus seguidores.

Después de esto miré, y allí en el cielo había una puerta abierta. Y la voz que me había hablado antes con sonido como de trompeta me dijo: «Sube acá: voy a mostrarte lo que tiene que suceder después de esto.»

Al instante vino sobre mí el Espíritu y vi un trono en el cielo, y a alguien sentado en el trono. El que estaba sentado tenía un aspecto semejante a una piedra de jaspe y de cornalina. Alrededor del trono había un arco iris que se asemejaba a una esmeralda.

Rodeaban al trono otros veinticuatro tronos, en los que estaban sentados veinticuatro ancianos vestidos de blanco y con una corona de oro en la cabeza.

Del trono salían relámpagos, estruendos y truenos. Delante del trono ardían siete antorchas de fuego, que son los siete espíritus de Dios, y había algo parecido a un mar de vidrio, como de cristal transparente.

En el centro, alrededor del trono, había cuatro seres vivientes cubiertos de ojos por delante y por detrás. El primero de los seres vivientes era semejante a un león; el segundo, a un toro; el tercero tenía rostro como de hombre; el cuarto era semejante a un águila en vuelo. Cada uno de ellos tenía seis alas y estaba cubierto de ojos, por encima y por debajo de las alas. Y día y noche repetían sin cesar:

«Santo, santo, santo
es el Señor Dios Todopoderoso,
el que era y que es y que ha de venir.»

Cada vez que estos seres vivientes daban gloria, honra y acción de gracias al que estaba sentado en el trono, al que vive por los siglos de los siglos, los veinticuatro ancianos se postraban ante él y adoraban al que vive por los siglos de los siglos. Y rendían sus coronas delante del trono exclamando:

«Digno eres, Señor y Dios nuestro,
de recibir la gloria, la honra y el poder,
porque tú creaste todas las cosas;
por tu voluntad existen
y fueron creadas.»

Y oí a cuanta criatura hay en el cielo, y en la tierra, y debajo de la tierra y en el mar, a todos en la creación, que cantaban:

«¡Al que está sentado en el trono y al Cordero,
sean la alabanza y la honra, la gloria y el poder,
por los siglos de los siglos!»

Los cuatro seres vivientes exclamaron: «¡Amén!», y los ancianos se postraron y adoraron.

Luego vi el cielo abierto, y apareció un caballo blanco. Su jinete se llama Fiel y Verdadero. Con justicia dicta sentencia y hace la guerra. Sus ojos resplandecen como llamas de fuego, y muchas diademas ciñen su cabeza. Lleva escrito un nombre que nadie conoce sino sólo él. Está vestido de un manto teñido en sangre, y su nombre es «el Verbo de Dios».

Lo siguen los ejércitos del cielo, montados en caballos blancos y vestidos de lino fino, blanco y limpio.

De su boca sale una espada afilada, con la que herirá a las naciones. «Las gobernará con puño de hierro.» Él mismo exprime uvas en el lagar del furor del castigo que viene de Dios Todopoderoso.

Las cosas que Juan vio no tenían la intención de asustarnos, sino de mostrar lo fuerte y poderoso que es Dios. Cuando lleguemos al cielo, estaremos felices y seguros allá. Las mejores cosas en la tierra serán aun mejor de lo que podamos imaginar.

A Jesús se le llama el Cordero de la Pascua porque murió en la cruz para salvarnos de nuestros pecados. Juan utiliza esta misma idea aquí al llamarle a Jesús el Cordero de Dios.

Me llevó en el Espíritu a una montaña grande y elevada, y me mostró la ciudad santa, Jerusalén, que bajaba del cielo, procedente de Dios. Resplandecía con la gloria de Dios, y su brillo era como el de una piedra preciosa, semejante a una piedra de jaspe transparente.

Tenía una muralla grande y alta, y doce puertas custodiadas por doce ángeles, en las que estaban escritos los nombres de las doce tribus de Israel. Tres puertas daban al este, tres al norte, tres al sur y tres al oeste. La muralla de la ciudad tenía doce cimientos, en los que estaban los nombres de los doce apóstoles del Cordero.

El ángel que hablaba conmigo llevaba una caña de oro para medir la ciudad, sus puertas y su muralla.

La ciudad era cuadrada; medía lo mismo de largo que de ancho. El ángel midió la ciudad con la caña, y tenía dos mil doscientos kilómetros: su longitud, su anchura y su altura eran iguales. Midió también la muralla, y tenía sesenta y cinco metros, según las medidas humanas que el ángel empleaba. La muralla estaba hecha de jaspe, y la ciudad era de oro puro, semejante a cristal pulido.

Las doce puertas eran doce perlas, y cada puerta estaba hecha de una sola perla. La calle principal de la ciudad era de oro puro, como cristal transparente.

No vi ningún templo en la ciudad, porque el Señor Dios Todopoderoso y el Cordero son su templo. La ciudad no necesita ni sol ni luna que la alumbren, porque la gloria de Dios la ilumina, y el Cordero es su lumbrera.

Las naciones caminarán a la luz de la ciudad, y los reyes de la tierra le entregarán sus espléndidas riquezas. Sus puertas estarán abiertas todo el día, pues allí no habrá noche. Y llevarán a ella todas las riquezas y el honor de las naciones.

Nunca entrará en ella nada impuro, ni los idólatras ni los farsantes, sino sólo aquellos que tienen su nombre escrito en el libro de la vida, el libro del Cordero.

En esta parte de la visión, Juan está diciendo que las personas que sigan al Cordero (Jesús) algún día vivirán en esta maravillosa ciudad.

Juan tenía aun más noticias, algún día Jesús regresará a la tierra de manera que todos los creyentes puedan vivir con él para siempre. Esto es lo que él escribió:

«¡Miren que vengo pronto! Dichoso el que cumple las palabras del mensaje profético de este libro.»

Yo, Juan, soy el que vio y oyó todas estas cosas.

Y cuando lo vi y oí, me postré para adorar al ángel que me había estado mostrando todo esto.

Pero él me dijo: «¡No, cuidado! Soy un siervo como tú, como tus hermanos los profetas y como todos los que cumplen las palabras de este libro. ¡Adora sólo a Dios!»

También me dijo: «No guardes en secreto las palabras del mensaje profético de este libro, porque el tiempo de su cumplimiento está cerca. Deja que el malo siga haciendo el mal y que el vil siga envileciéndose; deja que el justo siga practicando la justicia y que el santo siga santificándose.»

«¡Miren que vengo pronto! Traigo conmigo mi recompensa, y le pagaré a cada uno según lo que haya hecho. Yo soy el Alfa y la Omega, el Primero y el Último, el Principio y el Fin.

»Dichosos los que lavan sus ropas para tener derecho al árbol de la vida y para poder entrar por las puertas de la ciudad.

»Yo, Jesús, he enviado a mi ángel para darles a ustedes testimonio de estas cosas que conciernen a las iglesias. Yo soy la raíz y la descendencia de David, la brillante estrella de la mañana.»

El Espíritu y la novia dicen: «¡Ven!»; y el que escuche diga: «¡Ven!» El que tenga sed, venga; y el que quiera, tome gratuitamente del agua de la vida.

A todo el que escuche las palabras del mensaje profético de este libro le advierto esto: Si alguno le añade algo, Dios le añadirá a él las plagas descritas en este libro. Y si alguno quita palabras de este libro de profecía, Dios le quitará su parte del árbol de la vida y de la ciudad santa, descritos en este libro.

El que da testimonio de estas cosas, dice: «Sí, vengo pronto.» Amén. ¡Ven, Señor Jesús!

Que la gracia del Señor Jesús sea con todos. Amén.

Preguntas para la discusión

1. Jesús podría regresar mañana, dentro de diez años o dentro de cien años. ¿Qué puedes hacer a fin de estar listo para su regreso?

2. ¿Cómo crees que será el cielo?

Lista de pasajes bíblicos

Capítulo 1: El principio de la vida tal y como la conocemos
Génesis 1:1–11, 13–31
Génesis 2:1–3, 15–17
Génesis 3:1–23
Génesis 6:5–6, 8–10, 13, 14–22
Génesis 7:1, 17–21, 23–24
Génesis 8:1–5; 15–19, 20
Génesis 9:1–2, 9, 11–13, 16

Capítulo 2: Dios construye una nación
Génesis 12:1–5
Hebreos 11:8
Génesis 13:5–6, 14–18
Génesis 15:1–6
Génesis 17:1–8, 15–16
Génesis 21:1–3, 5–7
Hebreos 11:11

Capítulo 3: José: De esclavo a alto dignatario del faraón
Génesis 37:13–14, 18–28, 31–35
Génesis 39:1–6, 19–23
Génesis 41:8, 14–16, 37–44
Génesis 45:4–8, 13, 25–28
Génesis 46:28-29
Génesis 47:11

Capítulo 4: La salida de Egipto
Éxodo 1:8–11, 22
Éxodo 2:1–12
Éxodo 3:1–8, 9–12
Éxodo 4:10–17
Éxodo 7:14–24
Éxodo 11:1
Éxodo 12:31–32, 40–41
Éxodo 13:21–22
Éxodo 14:3–6, 8–9, 10–28
Éxodo 16:6–7, 9–18

Capítulo 5: Nuevos mandamientos
Éxodo 20:2–10, 11–17
Éxodo 24:3
Éxodo 25:1–2, 8–9

Capítulo 6: Errantes
Números 13:1–3, 18–21, 23, 25–28, 30–33
Números 14:1–5, 7–9
Números 20:2–12
Deuteronomio 34:10–12

Capítulo 7: Comienza la batalla
Josué 1:1–3, 5–7, 10–11

Lista de pasajes bíblicos

1 Reyes 18:1–2, 17–24, 39–40
1 Reyes 19:1–16, 18
2 Reyes 2:1–2, 7–15
Amós 3:1–2, 9–11

Amós 5:6, 14–15
Amós 9:8

Capítulo 16: El principio del fin
Isaías 3:1–5, 8–9, 12–13
Isaías 14:1–5

Isaías 49:8–9
Isaías 53:1–12

Capítulo 17: La caída del reino
Jeremías 1:4–10
Jeremías 2:21–22, 26–28
Jeremías 5:1
Jeremías 13:17–19
2 Crónicas 36:15–16, 11–14
2 Reyes 25:1–7, 11–12
Lamentaciones 1:1

Lamentaciones 2:17
Lamentaciones 3:21–26
Lamentaciones 5:1, 15–16, 19–21
Ezequiel 1:1, 4–6, 22–28
Ezequiel 2:1–4, 6–7
Ezequiel 36:22–28, 33–36

Capítulo 18: Dios cuida de Daniel
Daniel 6:1–23
Jeremías 30:2–3, 8, 10–11

Jeremías 31:23–25
Jeremías 29:10–14

Capítulo 19: El retorno a casa
Esdras 1:1–7
Esdras 3:10–13, 4:4–5
Esdras 4:24
Hageo 1:2–11

Zacarías 8:2–13, 16–17, 20–22
Esdras 5:13–17
Esdras 6:14, 16–18

Capítulo 20: La reina de belleza y valor
Ester 2:10–12, 16, 17–18
Ester 3:1–6, 8, 9, 11, 12

Ester 5:1–8
Ester 7:1–6

Capítulo 21: Se reconstruyen los muros
Esdras 7:1, 7, 10–11
Nehemías 1:2–6, 11

Nehemías 4:4–6, 13–23
Nehemías 8:1–3, 5–6, 9, 10, 12

Capítulo 22: El nacimiento de un Rey
Juan 1:1–5, 9–14, 17–18
Lucas 1:26–35, 38, 46–55
Mateo 1:19–24

Lucas 2:1, 3–20
Mateo 2:1–3
Lucas 2:41–52

Capítulo 23: Comienza el ministerio de Jesús
Mateo 3:1–2, 4–6, 13–17

Marcos 2:1–12

Mateo 4:1–11
Juan 1:19–34
Marcos 1:31–34, 40–45

Mateo 4:24–25
Marcos 3:9–12, 13–15
Lucas 8:1–3

Capítulo 24: Un hombre nada común

Marcos 4:30–34
Lucas 15:1–7
Lucas 10:25–37
Mateo 5:2–12
Mateo 6:5–15

Mateo 6:25–34
Marcos 4:35–41
Marcos 6:30–38, 41–44
Mateo 14:22–33
Juan 6:66–71

Capítulo 25: Jesús, el Hijo de Dios

Marcos 8:27–30, 34–38
Marcos 9:30–32
Juan 7:11–15, 25–31
Juan 8:12–14, 31–32
Juan 11:17–19, 38–48
Marcos 10:13–16

Juan 11:55–57
Marcos 11:2–10
Mateo 21:10–11
Juan 12:27–33, 37, 42–50
Marcos 14:1–2
Lucas 22:3–6

Capítulo 26: La hora de las tinieblas

Marcos 14:12–17
Juan 13:21–22, 25–30
Mateo 26:26–28
Juan 14:1–15
Mateo 26:33–42
Lucas 22:43–44
Mateo 26:43–47
Juan 18:4–10
Lucas 22:51, 55–62

Juan 19:1–7, 16
Mateo 27:32
Lucas 23:32–45
Mateo 27:46–49
Juan 19:30
Mateo 27:51–54
Lucas 23:48–49

Capítulo 27: La resurrección

Mateo 28:2–8
Juan 20:3–10
Lucas 24:36–49

Juan 21:1–6
Mateo 28:16–20

Capítulo 28: Nuevos comienzos

Hechos 1:2–11
Hechos 2:1–6, 23–24, 32–33, 42–47
Hechos 8:4–8

Hechos 9:1–19
Hechos 12:1–18

Capítulo 29: La misión de Pablo

Hechos 16:16–36
1 Tesalonicenses 1:2–5
1 Tesalonicenses 4:16–18

1 Corintios 12:12–18, 27
1 Corintios 13:1–8
1 Corintios 15:21–22

Lista de pasajes bíblicos

1 Tesalonicenses 5:16–28
1 Tesalonicenses 3:9–13
1 Corintios 1:10

1 Corintios 16:23–24
Gálatas 5:22–25
Gálatas 6:18

Capítulo 30: Los días finales de Pablo

Hechos 20:22–28, 36–38
Hechos 22:22–29

Hechos 27:1, 9–41
Hechos 28:1–10

Capítulo 31: Apocalipsis

Apocalipsis 1:1–19
Apocalipsis 4:1–11
Apocalipsis 5:13–14

Apocalipsis 19:11–15
Apocalipsis 21:10–18, 21–27
Apocalipsis 22:7–14, 16–21

Nos agradaría recibir noticias suyas.
Por favor, envíe sus comentarios sobre este libro
a la dirección que aparece a continuación.
Muchas gracias.

Editorial Vida
7500 NW 25 Street, Suite 239
Miami, Florida 33122

Vida@zondervan.com
www.editorialvida.com